探索教育的力量

陶　勇　黄传慧　著

武汉理工大学出版社

图书在版编目(CIP)数据

探索教育的力量 / 陶勇，黄传慧著. -- 武汉：武汉理工大学出版社，2024.6 -- ISBN 978-7-5629-7088-0

Ⅰ.G4-53

中国国家版本馆 CIP 数据核字第 2024H4N035 号

项目负责人： 尹　杰　　**责任编辑：** 尹　杰

责 任 校 对： 李正五　　**版式设计：** 佳文图文

出 版 发 行： 武汉理工大学出版社

网　　　址： http：//www.wutp.com.cn

地　　　址： 武汉市洪山区珞狮路 122 号

邮　　　编： 430070

印　　　刷： 武汉邮科印务有限公司

经　　　销： 各地新华书店

开　　　本： 710mm×1000mm　1/16

印　　　张： 11

字　　　数： 203 千字

版　　　次： 2024 年 6 月第 1 版

印　　　次： 2024 年 6 月第 1 次印刷

定　　　价： 36.00 元

凡购本书，如有缺页、倒页、脱页等印装质量问题，请向出版社营销部门调换。

本社购书热线电话：027-87391631　87664138　87523148

作者简介

陶勇，男，武汉市第十一中学校长，正高级职称，华中师范大学教育硕士。湖北省人民政府第八届督学，武汉市人民政府第三届督学，湖北省教育学会中学化学教学学术委员会副主任委员，中央电化教育馆培训中心智慧教育项目校长导师，华中师范大学教育实习指导教师，中南民族大学教育硕士专业实践导师。武汉市学科带头人、武汉市优秀共产党员、武汉市优秀教育工作者、武汉市优秀教师、武汉市首届高中名校长培训班学员、武汉市硚口区第八届“优秀拔尖人才”、武汉市硚口区“履职尽责干事创业先进个人”。武汉市硚口区第十五届、第十六届人民代表大会代表，武汉市第十五届人民代表大会代表，享受武汉市人民政府专项津贴。主持完成12项国家级和省级教育科研课题，撰写18部教育教学专著。

作 者 简 介

黄传慧，中南民族大学教授，先后在加拿大、美国访学；是武汉大学博士、中国科学技术信息研究所博士后。主持国家自然科学基金项目 1 项、国家社会科学基金项目 1 项、湖北省哲学社会科学基金等项目多项；在科学出版社、湖北人民出版社出版专著 2 部，发表论文多篇。研究方向为课程与教学论、教育信息行为、信息服务、信息资源管理等，多次在国内外学术会议上作学术报告。

内 容 简 介

《探索教育的力量》是陶勇校长、黄传慧教授合作编写，展现了两位作者30多年来对教育的思考和探索。陶勇是武汉市第十一中学的校长，他不忘初心，牢记使命。探索新时代十一中教学育人方式的变革，带领十一中由优秀走向卓越。陶勇校长主持了十一中的教育改革，亲眼见证了武汉市这所名高改革发展的历程，办学实力不断增强、影响力不断扩大。尤其是近些年，陶勇校长带领十一中迈上一个又一个的新台阶。黄传慧是中南民族大学教育学院教授，在教育领域深耕多年，主持国家自然科学基金1项、国家社会科学基金1项，著作颇丰。黄教授用心教书、用爱育人，做有温度的教育，热爱课堂。两位作者扎根教育一线，将教育理论与教育实践相结合，探索新时代教育思想和理念。

全书分为七个部分，包括校长日常工作、教师引领、教学方法之我见、高考备考策略、学生指导和管理、教育感悟、教育国际化视野。每个部分由一篇篇的教育随笔组成，这些随笔的内容包括作者对教育改革举措、学校日常管理、学生管理、亲身经历的感想感悟等，或者在教育一线观察到的教育现象，源于教育实践，又高于教育实践。既追求教育理论探究的深度，又彰显校本实践的厚度、强调教育分享的温度，是这部著作的突出特点，折射出两位作者新时代的教育理念和教育情怀。本书70%内容由陶勇撰写，其余部分由黄传慧完成。黄传慧负责整本书稿的策划、修改、整理统稿工作。本书适合中小学校长、教师、高校教育研究人员、研究生、相关教育职能部门人员阅读参考。

自　　序

我已从教35年，从一名高中化学教师逐步成长为担任15年教学副校长和10年校长的管理者。我一直本着初心追逐着自己的教育梦想，更在教育实践中不断探索教育，越来越迫切地要求自己回答一个职业教育者必须回答的问题：究竟什么是教育？或者说应该如何理解教育？

在经典教育学教材中，有公认的教育定义，也有各个时代教育思想家对教育的深刻诠释，更有广大教育工作者各自精彩的论断。我对教育的理解是：教育就是以爱心浸润生命的有意义发展。

教育的全部奥秘在于爱护儿童，没有爱就没有教育，这是著名教育家苏霍姆林斯基的论断。爱心是教育的前提和灵魂，是教师对待学生、家长对待孩子、学生对待学习的基本态度。教师在教育过程中要用爱心去关心、关爱每一个学生，帮助他们成长。家长对待孩子的教育中也要学会正确的爱的方法；学生需要用爱心去对待学习，珍惜学习的机会，努力提高自己。

教育是一个生命影响另一个生命的过程，所以教育的对象应该是一个个生命。将学生看成一个个鲜活的生命，就能够做到尊重和敬畏生命，实现每个学生个性化差异发展、全面均衡发展和主动创新发展；就能够关注每个生命个体在成长过程中遇到的困难和挑战，用真诚、关爱和智慧给予他们及时的帮助和支持。欣赏他们的进步和成就，让学生感受到教育的温暖和力量，使他们在良好的教育环境中茁壮成长。

教育是为了生命更好地延续和发展，是个体不断成长、完善的过程。通过教育，每一个生命个体可以不断丰富自己的知识体系，提高自己的能力，形成健康的人格，实现自我价值。但是要明确，教育的目的不仅仅是传授知识，更重要的是引导形成正确的世界观、人生观和价值观，使学生能够为社会、为国家、为人类作出贡献。教育的终极目标是帮助学生找到人生的目标和方向，实现有意义的人生发展。

教育不是一蹴而就的，而是一个长期持续的、潜移默化的过程。教育具有渐进性，学生的知识、能力、素质等方面的提升都是循序渐进的，需要耐心和恒心一步一步地引导其成长。教育具有渗透性，学生是在不知不觉中吸收知识、形成能力、树立价值观，持久而深远地影响着学生内在发展。教育具有持续性，伴随着个体一生不断地接受教育和学习，帮助个体不断适应新的环境和挑战，而且还整体性地影响社会的进步和发展。

教育就是以爱心浸润生命的有意义发展，需要从爱心(灵魂)、生命(对象)、有意义发展(目标)、浸润(方法)等方面来全面理解把握。只有这样，我们才能真正理解教育的价值和意义，为国家、为民族培养更多优秀人才。

基于以上这些想法，结合平时的工作实践，我写了一系列的教育随笔。和黄教授一起进行探讨，汇聚形成本书的内容。

谨以此书致敬教育，让我们一起探索教育的力量！

是为序！

陶勇

2024 年 3 月于武汉市第十一中学

目　录

01

校长日常工作

谈新的责任与担当

新学年度我主持的名校长工作室正式开始运作，这既是一份特别光荣的嘱托，更是一份全新担当的责任。

聚焦当前新课程改革的重难点问题，搭建伙伴学校校本研究合作交流平台，是武汉市硚口区委、区政府提出的“三高一保”和“一三五”工作目标的重大战略部署，是助力学校高质量发展和校长专业成长的重要举措。

首先，作为主持人和“打头雁”，自己的“路”必须要走“正”，要以“为党育人、为国育才”为己任，以“教育为美好人生的发展奠基”为追求，努力将自己塑造成为办学理念先进、教育理论深厚、管理能力卓越、个性风格鲜明的教育家型校长。

其次，以“学而不已，以学为上”的终身学习姿态主动对接“知识大融通”的新时代发展趋势，站在百年未有之大变局的高度认知飞速发展的世界、研究教育的趋势，持续增加应对变局、开拓新局的知识储备，努力更新自身的认知体系和思维体系，始终与时代同步。

再次，以“不啻微芒，造炬成阳”为鞭策，深耕一线课堂，勇做探索新课程的排头兵。始终聚焦立德树人根本任务，积极推动“三新”改革，引领同行重构以核心素养为导向的课程观、教学观、学习观。深入研究教学目标、教学设计须达成的价值深度和多维属性。让学生与课程真切相遇，让学生与社会发展真正相融，持续提升学校的教学品质，打造全市乃至全省高中教育教学改革与特色化发展的标杆。

奥地利作家茨威格曾说：“人一生最大的幸运，莫过于在他年富力强时发现了自己的使命。”虽然离退休只有六年了，但内心执着地信守人民英雄张定宇所说的“人生没有终点，只有更高的起点”。在接下来的日子里，我将以工作室为实践平台，以“五大坚持”为自励目标，珍惜宝贵时光，持之以恒拼搏，奋力开拓教育新局，把一个更加美好的教育奉献给硚口区的未来！

学校管理中哪些事需要“理”

学校管理中的“理”是一个动词，它具有多重含义。“理”可以理解为梳理和总结，即在挖掘、总结学校历史和办学经验的前提下，从根本上建立健全富有学校特色的可持续发展体系。此外，“理”还涉及根据时代发展和学校办学实际，适时调整改变各项管理规则，与时俱进地建立有效的管理机制和制度。包括创建科学、具体、操作性强的序列性制度体系，如行政常规管理序列、德育管理序列、教学管理序列、后勤管理序列等。

多年的学校管理实践中，我认为主要是以下几个方面要“理”明白。

1. 理念。学校管理的理念是指对学校管理的基本观念、价值观和信仰。这包括对教育目标、教育过程、教育评价等方面的认识。校长需要树立正确的教育观念，以“为党育人、为国育才”为己任，关注学生的全面发展，注重培养学生的创新精神和实践能力。从学校打开校门的那一刻，校园中的一切活动都应该遵循国家意志和学校理念，不以理念为出发点，学校发展道路容易走偏。

2. 制度。学校管理制度是落实理念的具体措施，包括党群工团、人力资源、教育教学、后勤保障等方面的具体制度。校长需要按照国家教育部统一要求，建立健全学校内部的各项制度，确保学校各项工作依法依规、有序有度地进行。同时还要在具体实践中不断完善和调整制度，以适应时代变化、政策调整和创新发展的需要，让学校管理制度更好地匹配学校的工作重心。

3. 组织。学校组织是指学校内部的组织结构和分工，校长按照主管部门的规定和学校自身需要合理设置组织机构。明确各部门的职责和权限，根据各阶段工作要求和学校人员变化进行适时的整合和分解，确保学校发展规划的顺利实施，形成高效的工作机制。同时还要注重激发教师的工作积极性，研究制定提高教师队伍的整体素质的系列举措。

4. 资源。学校资源包括人力资源、物力资源和信息资源等。校长需要积极争取上级部门支持，经常性广泛吸引社会各界关注学校教育；多方努力争取办学资源并合理配置和使用资源，提高资源利用效率；注重开发和整合外部资源，为师生的成长提供各种条件，为学校的发展提供有力支持。

5. 环境。学校环境包括物质环境和精神环境。校长要关注学校的设施建设，为学生和教师提供良好的学习和工作环境。要营造积极向上的学校文化氛围，激发师生的创新精神和团队精神。软环境的营造远远比硬环境的营造要更有价值，尤其是积极向上的奋斗精神和静心教书的校园氛围特别重要。

6. 沟通。学校管理中的沟通是指管理者与师生、家长、社会等各方之间的信息交流和意见反馈。校长需要建立有效的沟通机制，及时了解各方面的需求和意见，为学校的决策提供依据。既要注重倾听师生的正面声音，也要听取家长和社会各界对学校办学的良好建议，关注本校师生家长的教育需求。

7. 评价。学校管理中的评价是指对学校各项工作的质量和效果进行评估。校长需要建立科学的评价体系，对教育教学、管理服务等方面进行全面、客观、公正的评价。要根据评价结果及时调整工作策略，不断提高学校的管理水平，抓住评价这个“牛鼻子”。理顺师生关系、师师关系，打造既有竞争又充满人文、和谐的教育内部氛围，把评价作为调节的工具去引领学校朝着高质量、正能量方向发展。

总体而言，学校管理需要强调“管”，但是前提需要把“理”想明白。没有理清、理顺，就不可能有好的“管”的效果。在实际操作中，学校校长需要不断地构建“理”和“管”生态循环，不断改进升级“管”和“理”的层级，以适应不断变化的管理需求和环境。

学校教育需要结构性变革

知识经济逐渐成为主导经济，创新驱动正成为社会发展的核心动力。国际化进程深入推进，智能化日新月异，具有社会责任感、终身学习意识、创新精神和实践能力的人才成为今后的核心竞争力。学校教育结构性变革势在必行，这种结构性变革主要从以下四个方面展开。

1. 课程的结构性变革从统一到选择

新一轮基础教育课程改革在政策上具有了选择的意识，确立了从国家课程、地方课程到学校课程的制度。但是在现实中，所有学生一张课表上课仍然是大部分学校的实际情况，课程的可选择性很小。“新高考”模式要求将不同的课程分成不同层次，以给学生选择的空间。除了必修课程、选择性必修课程和选修课程的分层分类外，还开设丰富多彩的特色课程，最大限度地满足学生个性化发展需要是高中学校特色发展的价值体现。

2. 教学的结构性变革从被动到主动

教师是整个教学活动的主动者、主导者，学生是被动者、接受者。这种模式在中国处于支配地位。让学生从学习的跟班到学习的主人，核心是教与学方式的转变，为此教育部出台了相关的文件，全面指导推动基层学校在育人方式变革的实践。只有真正从教学结构性变革中找到变被动为主动的钥匙，让学生真正焕发出自主学习的热情，成为学习的主动参与者、建构者，才能真正推动新时代创新人才的培养。

3. 评价的结构性变革从单一到多元

新高考模式评价改革的初衷就是将评价标准多元化，让每一个学生都有可能排在第一，使每个不同的学生通过不同课程的选择变得更加不同，但是现实操作中依然没有突破做到公平公正的瓶颈，注重发展性评价，将综合素质评价有效纳入高利害的高考录取工作还有待进一步探索。学校的根本使命是育人，是促进人的发展，是使每个人看到成绩，看到希望，看到美好的未来。把促进每一个人的发展作为教育工作的出发点和落脚点，评价手段和方式的结构性变革必须彻底突破。

4. 活动的结构性变革从学科延伸到社会性协作

活动在学校教育中有重要地位，也是属于学校自主的特色课程。学校即社会，社会即学校。学校最重要的功能是促进学生的社会化，只有让学校充满了人间的真实信息，学生才会变得更加成熟，才能更顺利、更负责任地进入社会。组建社团、参与社团活动是丰富社会性、增强社会责任能力的最重要也是最基本的途径。同时学校也要开门办学，把更多的社会优质教育资源开发成课程提供给学生。

以上四个结构性的变革实践是学校教育需要长期思考、不断探索的问题，是全面深化新课程改革、落实立德树人根本任务的根本要求。学校校长在推动上述四个结构性变革时要建立一种规范，树立一种楷模；形成一种文化，形成一种尊重；培养一种责任，确立一种职业精神；学会一种沟通，提升一种修养；保持一种良心，坚持一种武器，力争三新背景下的学校能够实现高质量发展。

强师行动是学校当前工作的重心

学校高质量发展的关键是教师，笔者经历了所在的学校进入新老教师更迭的高峰期。中老年教师比例锐减，35岁以下教师已经达到40%。最迫切的任务就是教师的充实配备与专业培养，必须把强师行动融入日常教育教学常规的质量管理之中，力争五年内建设一支结构合理、政治可靠、能力过硬、勇于担当、名师云集的卓越教师队伍。这是一项意义重大、功成不必在我的奠基性工作，须牢牢抓住以下四个关键点。

1. 以师德建设来保障立德树人根本任务达成

把加强师德建设放在首位，加快构建教师思想政治建设、师德师风建设、业务能力建设相互促进的教师队伍建设新格局。以提高教师思想政治素质和职业道德水平为重点，以德立身、以德立学、以德施教、以德育德，构建集教育、培训、宣传、考核、监督、激励、惩处于一体的师德师风建设长效机制。引导全体教师做学生敬仰爱戴的品行之师、学问之师，从而保障立德树人根本任务的落实。

2. 以强化师能来促进教育教学常规质量提升

确立教师的主体地位和能力本位，实施岗位培训工程、青蓝梯队工程、信息化强师工程、名师示范工程，着力搭建教师专业化发展平台。加强自学读书、网上学习、案例分析、教育教学研究、课堂教学实践等自主学习环节，构建研修相结合、以学习者为中心的培训新模式。引导全体教师从知识型教师转向素养型教师，多种形式培养教师的教育素养、学科素养、信息素养、创新素养、跨学科素养、媒体素养、自我管理素养等。

3. 以骨干培养来带动教师专业发展共同体建设

构建骨干教师的动态培养机制，加快各学科骨干梯队建设，并以此推动全体教师的专业化发展。提倡“教师即资源”的理念，鼓励教师积极开发校本课程资源，完善“三化一特”的多元特色课程体系，支持教师针对新课程、新教材和新高考开展课题研究。创造条件为教师提供高层级的学术交流机会，分学科成立德育研究、教学改革、教育科研等各种专业发展共同体。

4. 以激活内驱来推动未来教育家型教师培养

制定班主任队伍和学科梯队发展的具体目标要求，按照“双向奔赴”的原则研究并落实教师的个人发展规划。加大对师资队伍建设投入的力度，设立师资队伍建设专项经费，用于“名师工程”奖励。完善教师参与培训与教师职务聘任、续聘挂钩的制度，强化评优激励机制，增强教师自主发展、自我提高的内驱力，五年内再下功夫倾力打造一批享受政府专项津贴的特级教师、荆楚名师等教育家型教师。

构建“生态德育”育人体系

全面落实立德树人根本任务，需要构建校本化的育人体系。学校始终坚持把“生态德育”作为新高考背景下全员育人、全程育人、全方位育人的德育工作理念。深入开展习近平新时代中国特色社会主义思想教育。强化理想信念教育，引导学生树立正确的国家观、历史观、民族观、文化观，切实增强“四个自信”，努力构建适应“五育并举、融合育人”要求的育人课程体系。

做好“生态德育”顶层设计。建立健全“生态德育”工作机制，搭建家长、学校、社会三位一体协同育人平台。开发家校社联盟协同教育的实践空间，拓展家校社联动融合的信息化德育工作渠道。将理想信念、爱国主义教育、社会主义核心价值观、中华优秀传统文化和革命文化教育、道德教育、生态文明教育、心理健康教育、法治教育、职业生涯规划、感恩教育等育人目标进行全面部署安排，实现德育工作实践“精、细、实、宽、新”五位一体的整体推进。

丰富“生态德育”课程体系。建立健全以下德育特色课程：励志修身类课程、人文素养类课程、科技探究类课程、身心健康类课程、艺术陶冶类课程、体育活动类课程、互联网＋类课程、领导管理类课程。不断丰富生态德育课程的形式和内容，将“十一最燃思政课”“美德雅行在十一”“十一校园风采秀”“国学经典诵读”“十一卓逸辩论赛”“拾漪读书分享会”“传统节日教育DIY”“阳光魅力足球、篮球、排球赛”“动感阳光游学夏令营”“军事国防教育”等主题活动打造成校本化课程精品。

提升“生态德育”队伍素养。建立“生态德育”学习型组织，坚持做好班主任队伍的校本培训，发挥功勋班主任工作室的辐射带动作用，突出班主任在生涯规划教育和心理健康教育的专业指导。发挥政治课的主导作用，提升思政修养。针对新高考选科和录取多元化的新常态，积极推动双导师制的实践探索。创建全员育人的德育模式，引导老师们关注每一位学生的思想品行、学科学习、兴趣特长和心理指导。完善班主任岗位职责和考核奖励制度，激发德育队伍工作热情，建设一支师德高尚、理念先进、专业素养高、业务能力强的德育队伍。

拓展“生态德育”活动阵地。创新共青团、学生会工作，加强党委对学生共青团工作的领导，积极发挥共青团和学生会自主管理、自主教育的作用，形成人人有社团组织、人人参与社团活动的校园氛围。围绕新时代德育工作新要求和学校校训主题，广泛开展丰富多彩的“社会实践活动行”“十一志愿者服务”“十一科技创客”“十一吉尼斯”“生涯体验活动”“走进大学和科研院所”等系列社团德育活动。实现班级社团普及化、社团活动课程化、校级社团精品化，促进学生个性化发展和实践创新能力养成。

强化“生态德育”育心环节。将心理健康教育融入德育工作常态，探索心理健康教育工作新模式，培养学生抗挫能力，开设特色心理健康课程；重视对学生心理健康的评估，完善心理档案，建立“特质心理干预机制”；建设一流的专业心理辅导室，坚持心理健康知识普及讲座；关注考前减压和考后疏导，坚持开展“阳光一小时”活动，举办校园艺术节、体育节。定期开展百日誓师大会、成人仪式等系列育心活动，让学生在学业、身体的成长中达到心智的同步成熟。

总之，新时代育人方式的变革呼唤着德育模式和内容的创新，让学生在“生态德育”理念中更好地发展，努力成为社会主义事业的建设者和接班人。

“十一青蓝之家”是团结战斗的家

今天是 2023 年 10 月 10 日，我们“十一青蓝之家”正式成立了。这是武汉十一中七十年华诞之前的一件大事，是我校未来可持续高质量发展的奠基工程之一，也是学校新一届教代会共同研究制定的《武汉十一中强师三年行动计划(2023—2025)》的具体举措之一，昭示着我校面向新时代的新老交替进程中诞生了一支非常有活力、有未来的生力军，她将在新时代十一中发展史上发挥重要的作用。

“青”指的是靛青，即今之靛蓝，一种蓝中带紫的颜色；“蓝”所指并非颜色，而是指蓼蓝之类可用作染料的草本植物。《荀子·劝学》中所谓“青，取之于蓝，而青于蓝”，意为靛青是通过蓼蓝提炼出来的，但是颜色比蓼蓝更深。后来这句话被引申为学生超过老师，后人胜过前人。“青蓝工程”就是培育后浪成长的工程，是惠及教育几十年的工程，党委和校长室高度重视。

“十一青蓝之家”是年轻教师在党组织和众多十一中前辈老师关怀下的“教育生活之家、专业发展之家、共赴梦想之家”。在这个家中，我们携起手来共担风雨、共谋成长、共享成果，以“雁阵”团队的方式向着教育理想前行。无论未来专业发展的路途多么坎坷遥远，每个人都应该有当头雁的勇气和动力，都应该有随时冲在最前面成为头雁的义务，来共同实现我们这个团队能够顺利前行的愿景。校长应该率先担当头雁，follow me 是我们的口令！

为了能够更快、更稳、更好地实现“十一青蓝”专业发展共同体的奋斗目标，我们号召全体年轻教师做一名有信仰的灵魂工程师。在教育生涯的起始阶段立志成为“大先生”，将“心有大我、至诚报国的理想信念；言为士则、行为世范的道德情操；启智润心、因材施教的育人智慧；勤学笃行、求是创新的躬耕态度；乐教爱生、甘于奉献的仁爱之心；胸怀天下、以文化人的弘道追求”作为自身职业精神追求的标准，踔厉奋发、自信自强地投入到教育教学实践中。

我们年轻教师要充分规划好事业发展的头五年关键期，把职业生涯的第一粒扣子认真负责地扣好。跟着 Boss Tao 从“四每”的 flag 开始，一起相互鼓劲、相互支持、相互敦促、相互学习，狠下决心持之以恒地做到：“每天写一篇 200 字以上的教育随笔；每周整理一个最优教学设计的课件；每月阅读一本有益成长的书；每年参加一次区级以上教学比赛或论文发表”。相信再过三年，待到山花烂漫时，我们年轻人一定会在丛中笑！

（注：本文由作者的讲话稿改编而成）

学校开展调查研究的思路

党中央号召全体干部大兴调查研究之风，作为基层学校的领导干部如何去做好这项工作？今天在党委和校长室联席会上，我做了这样的阐述和部署。

首先，要明确在当今这个快速发展的时代，调查研究是一种必不可少的现代社会科学研究方法。它不仅是探究现象和本质的有效途径，而且对领导层的决策有非常重要的意义。中共中央办公厅《关于在全党大兴调查研究的工作方案》强调“坚持党的群众路线，从群众中来、到群众中去”，就是要用好调查研究这个“谋事之基”“成事之道”，真诚倾听群众声音、真实反映群众愿望、真情关心群众疾苦，拜群众为师，向群众学习。作为基层学校，我们决策层就应该深入到教师、学生和家长之中，把教育实践中最深层的问题找出来，把最有效的办法寻到手，把最有力的举措想到位，然后再付之于后续实践以改进我们的学校管理。

其次，要把党的方针、正确的教育理念作为调查研究的工作指引。特别要在“四个方向”上统一认知。一是学校所有的管理制度和文化都要指向“聚焦学生、研究学生、发展学生”，同时要“宣传老师、引领老师、成就老师”；二是从“熏陶、课程、训练和评价”等教育手段上查摆问题，寻求创新；三是高举提升教学质量大旗，着力审视新高考背景下“有效阅读能力、质疑问题能力、探究建模能力、科学表达能力”在学科教学中的落实；四是坚持“合适的才是最好的，给有差异的学生能力相当的教育是高水平的因材施教”的标准。

最后，要把调查研究的重点聚焦，这样就能够真正做到“解剖麻雀”。党委要聚焦党员先锋作用发挥，校长室要聚焦教师专业化发展，教务处要聚焦教学中“四大能力”的培养，政教处要聚焦德育工作手段的有效性，总务处要聚焦后勤服务协助育人目标，通过以上调研问题的聚焦推动学校现阶段的高质量发展。

（注：本文由作者的讲话稿改编而成）

浅谈课程思政知信行统一

我校省名师工作室王忠文特级讲师约我谈谈关于课程思政知信行统一的思考。我认为这既是一个教育领域的老话题，也是新时代背景下特别重要且紧迫的新话题。

思政的根本工作是做人的工作，涵盖道德教育、政治教育和思想教育。道德教育即引导学生逐步掌握社会主义道德规范，履行道德义务，形成高尚的品德；政治教育即引导学生坚持中国共产党的领导，切实做到两个确立、两个维护、四个自信，逐步形成正确的政治态度和立场；思想教育即引导学生逐步掌握辩证唯物主义和历史唯物主义的基本观点，形成正确的人生观和科学的世界观。思政工作不仅仅是德育管理干部、思政课老师的工作，也是所有学科教师必须在学科教学中融合渗透的重要职责，课程思政的开展要遵循知信行统一。

全体教育人要明确，思政知信行统一是一种重要的教育理念，它强调知识、信仰和行为的紧密联系和统一，源自“学思用贯通、知信行统一”，是办好新时代中国特色社会主义教育必须遵循的真经、真谛和真理。习近平总书记曾多次强调学校思政工作的知信行统一，要求全体教师带领广大学生做到知之深、信之笃、行之实，不断激发思政工作的生命力。这种教育理念要求我们不仅要知道什么是正确的，也要坚信什么是正确的，更要将正确的信念转化为行动。只有这样，我们才能真正做到“知信行统一”，实现个人的成长和社会的进步。

教师要提高政治站位，主动将思政工作纳入学科的教学，要深刻懂得教书最终是育人，因此要把思政育人的工作融合到每一节课之中。因此，教师在钻研业务时首先把思政放在重中之重，一是要学而知，读原著、学原文、悟原理，学懂弄通、系统掌握、准确领会；二是要学而信，体会共产党人和教育工作者的初心使命，汲取真理力量、思想力量、实践力量，学出坚定信仰、学出使命担当；三是要学而行，学以致用、身体力行，把学习成果融合到本科的课堂教学诸环节之中，以实际行动来体现所学知识和信仰，推动学科教学的高质量发展。

学校推动课程思政知信行统一可以从以下三个方面进行：

1. 倡导教师打破专业壁垒，构建课程融合的教学目标。引导教师将“课程思政”理念融入课程教学中，结合学科特点挖掘育人元素，指导学生在学习专业知识的同时也能关注社会发展、国家大事以及个人的责任和使命。师生都要把培养正确的世界观、人生观和价值观作为课程教学的终极价值追求。

2. 强化学科教学全过程必须进行思政教育这一首要任务。学校要制定课程思政知信行统一的基本范式，倡导教师课前要结合学科主题设计与现实社会问题相关的讨论，引导学生思考并提出自己的见解；课中通过案例分析、小组讨论等方式，让学生深入理解和体验学科知识与社会现实的联系；课后可以布置与思政内容相关的作业，让学生在实践中进一步加深对思政知识的理解和应用。

3. 科学开展课程思政效果的评估，推动知信行的转化。学校要建立教师课后反思机制和学生自我评价机制，定期组织教师进行课程思政知信行统一的反思研讨交流活动，让老师们相互之间学习交流课程思政的心得体会，不断总结提炼思政知信行统一的规律和方法；组织学生开展期中和期末思政知信行统一的自我评价，从道德品质、思政观点到辩证分析等方面进行综合考查并作为学校学科质量评估的重要指标，以此推动师生的真知、真信和真行。

总的来说，实现课程思政知信行统一，不只是对师生理解和掌握知识的要求，更是要促进师生建立坚定的信仰，并将这种信仰转化为实际行动，这需要学校上下长期持之以恒，将其作为常规工作共同努力推进。

切实关心教职员工的业余生活

本学期过半，当前教职员工都投入到紧张的期中复习安排和学生考前指导工作中，师生压力都是相当大的。这几年来学校新进的教师比例达到30％以上，很多老师相互之间都没有机会和平台进行深入的沟通和交流。因此，学校党委、校长室和工会要进一步以人为本，拓宽思路，切实关心教职员工的业余生活，积极开展系列主题活动来丰富业余生活。

首先，全体干部要高度重视此项工作。教职员工在丰富的校园活动中可以调节工作、锻炼和休息时间，保持身心健康和良好的精神状态；可以增进彼此之间的了解，建立良好的同事关系，加强团队合作，提高教职员工之间的协作能力；可以拓宽视野和展示才艺，丰富业余生活；可以增强对学校的归属感和认同感，有助于营造一个和谐、团结的校园氛围，有助于提升学校的整体形象和声誉度。

组织教职员工在校内的业余生活可以采取以下举措：

1. 成立兴趣小组。鼓励教职员工组建各类兴趣小组上报学校工会，学校给予活动经费支持。例如书画、摄影、舞蹈、瑜伽、合唱团等(5 人以上成组)，并建立钉钉交流群分享活动感悟，让教师们发展自己的兴趣爱好，丰富业余生活。

2. 举办体育活动。根据学校工作和季节特点组织安排篮球表演赛(教师队与学生队进行两场比赛)、排球联赛(工会组进行循环赛)、羽毛球菁英赛(个人单打和双打比赛)、乒乓球邀请赛(乒乓爱好者循环赛)等，让教职员工参与其中，锻炼身体，增进友谊。

3. 开展讲座和郊游。邀请专业人士为教职员工提供各类培训和讲座，如主题教育、社会专题、慢病防治、心理健康、职业发展、家庭教育等；组织教职员工开展春游和秋游活动，同时组织健步比赛，通过动静相宜的各种活动形式，让教师拓宽知识面，放松身心，增进感情。

4. 组织艺术展演。组织开展教职员工歌唱比赛、青年教师才艺展演、元旦联欢会、教师节庆祝展演、专业团体来校艺术专场演出等，让教职员工共同感受艺术熏陶，感受重大节日氛围，丰富教职员工的情感生活。

5. 新增休闲娱乐场所。除了现有体育场馆之外，将党建工作室、图书馆、贵宾接待室、教研活动中心进行更加人性化的布置，增加咖啡机、茶具、休闲桌椅等，改建学校健身馆等，供教职员工在业余时间进行休闲和娱乐。

总之，教师的工作基本是在校园内，相对其他行业比较单纯，我们要让教师在退休之后能够对曾经的学校有所念想，能够津津乐道地谈起自己当年在学校工作和活动中所经历的开心时刻与快乐瞬间，能够躺在摇椅上回顾着满满的幸福与回忆，这样的校园才是真正让教师愿意一辈子在此付出的场所。

谈谈学生视野的拓展与提升

今天受邀与一位名牌大学经济学本科毕业的我校往届学生见面聊天，他非常困惑于自己目前所从事的教育培训领域的创业前景，想请我来给他支招提供新的发展思路。交流中我产生了两个疑惑：一是作为牛校学霸为什么没有一鼓作气把硕博读完，二是为什么职业规划中反映出的视野广阔度那么窄。在深入分析交流之后，他很感慨地说，以前视野没有打开，与我交流太晚了。由此，我再次感到视野拓展与提升需要从基础教育阶段开始。

视野的拓展与提升对于学生的成长和发展具有重要意义，主要体现在以下几个方面：其一，在全球化背景下学生需要具备跨文化、跨领域交流的能力，需要充分理解不同文化、价值观和生活方式的差异，并以多元文化素养参与复杂社会生活；其二，为适应不断变化的社会环境，学生需要通过学习研究各领域的文化、价值观和知识体系，更好地迎接未来的挑战和机遇；其三，学生的职业生涯规划意识和市场意识需要增强，要能够充分认识到自己在社会环境中的地位和责任，主动关注国家发展和时代趋势；其四，学生在学习和生活中需要更多的实践，通过参加各种活动和交流，结识更多的朋友，丰富自己的人生经历；其五，学生的综合素质和现代社会所需要的重要能力，包括语言沟通能力、团队协作能力、批判性思维能力等需要不断提高。以上这些都必须以视野拓展和提升为前提。

班主任作为引导者，其作用是非常关键的。可以说班主任在拓展与提升学生视野上责任重大、影响深远。优秀的班主任可以让自己的学生在未来发展道路上走出精彩而富有特色之路，建议班主任从以下方面开展实践探索。

落实校本课程。配合学校组织开展好校本课程，如艺术、体育、科技、社会实践等，鼓励学生接触到更多的知识领域，激发他们的兴趣和潜能，不能以高考学科任务繁重为由而轻视这些非高考学科的学习。

举办丰富活动。积极组织学术讲座、主题班会、辩论赛、演讲比赛等活动，让学生在参与中锻炼自己的表达、沟通和协作能力，拓宽视野，不能把活动阵地都变成了自习或者学科辅导。

开展校外实践。利用寒暑假组织学生参加各类社会实践活动，如志愿服务、社会调查、实习实践等，让他们走出校园，了解社会，增长见识，不能因害怕出安全问题、家长反对就轻易放弃开展。

创设交流机会。邀请往届优秀学生来班级进行学术交流或者创业分享，积极组织学生参加学校组织的科技研学、海外游学等活动，让他们体验不同的文化，不能纸上谈兵。

培养阅读兴趣。鼓励学生多读书，尤其是经典名著和世界名著，通过阅读了解世界各地的历史、文化、风俗等，提高学生的人文素养，不能让学生成为只读教科书和教辅书的“书呆子”。

关注个性发展。每个学生都有自己的特长和兴趣，班主任要关注学生的个性发展，鼓励他们在自己擅长的领域发挥优势，形成自己的特色，不能用整齐划一的标准来约束学生的个性施展。

加强家校合作。与家长保持良好的沟通，共同关注学生的成长，让家长充分了解孩子的发展潜质，引导家长为孩子成长提供多样化路径，不能只单方面引导学生而忽视家长的重视与配合。

与违反校纪学生谈话的基本策略

正在办公室备课的我迎来一位违纪学生，他因为被年级组和政教处处分而主动要求向我道歉并递上一封致歉信。经过近一节课时间细致的沟通交流，该生在内心深处受到了教育，立志彻底改掉自己的不良行为。

在与各类违反校纪学生谈话的多年实践中，我深切体会到绝对不是简单的批评、训话就能解决违纪思想和心态的问题。如果讲究技巧，谈话的效果会正向影响孩子一生；如果粗暴随意，谈话的效果将极有可能产生很大的负面效应，给孩子的未来成长与发展抹上阴影。

有一位校长曾经告诉我：批评一定要引起自我批评，那么批评才是有效的。在我的教育经历中一直将这句话视为座右铭，这句话包括两个重要涵义：其一是自我认识到位的自我批评才是触及心灵的，才是改变错误思想和行为的根本；其二是批评的方式方法不是由教育人随意采用，而是根据被谈话者的动态心理、情绪和认知有针对性地适时变化的。

每次我与违纪学生谈话前，我一定会按照这句话的原则备足功课，在正式谈话过程中因人因事因时因变进行临场的调整，确保所讲的每一句话都能够让违纪学生接受、信服、触动、悔改和充满信心去改正，同时对关心他的老师和家长心存感激。概括起来说，与违反校纪学生谈话的基本策略如下：

谈话前要充分分析情况。充分了解违纪学生的个性特点、心理状态、家庭状况、父母教育、日常表现、违纪经过、多位第三方观点等，不能打没有准备之战，更不能只是抱着例行公事地把违纪学生训斥一顿、以震周边的简单想法。因为我们要谈话的对象是学生，他们在很多地方都是年少懵懂无知、简单幼稚轻狂的；我们谈话的目标不是吓唬或者让他在没有想通状态下的臣服，而是要提升认知、正确定位、敬畏规则、着眼发展。

谈话中要注重思想引导。思想引导是谈话过程的核心逻辑，没有心与心的沟通交流、思想与思想的碰撞融合，就达不到引发违纪学生的自我批评的目的。因此，谈话者要以非常淡定的心态和语气主导整个进程，从事情的缘由、经过到后果逐一抽丝剥茧地去回顾和分析，帮助违纪学生进行行为、心理和思想三个方面的反思，从自身与他人、部分与整体、现实与未来等不同角度引导学生认识到事情发生的正面与反面，要真正打通正确的思想路径。

谈话后要使其重振旗鼓。违纪学生在与老师谈话前都是非常担心受到严厉训斥和严肃处理的，谈话中也必将接受老师按照校纪校规标准提出的惩罚方案，思想工作做通了，这些学生都能够接受，但是训话与惩罚仅仅只是手段，不是最终目的。真正一次成功的谈话，不仅是要让违纪学生在谈话后意识到自己的错误行为和思想的严重性，更主要的是要让学生从中吸取教训，对未来学习生活充满新的期望，能够下定决心重新来过，这就需要谈话者给予学生充分的理解、尊重、信任和帮助，要真正走进违纪学生的内心去带动他，帮他说出真实的、正向的、积极的未来改变目标，放下包袱轻装上阵，再踏征程。

总之，与违纪学生谈话本质上是灵魂与灵魂的交流，作为灵魂的工程师，老师应该有摆渡者的责任感，运用虔诚的教育之心去引导、感化、激发违纪学生走向全面与卓越。

选聘新进教师的基本思路

今天是我校招聘团队在北京宣传选苗的第一天，总体感觉是一个字“难”。从招聘学校和求职大学生两个方面来说，要求都是越来越高。作为招聘学校来说，我们更希望招到思想素质好、专业基础强、教育程度高的学生，一般本科已经没有多少竞争力，基本上是硕士起步，如果是博士来应聘那就更好；作为求职大学生来说，他们关心的是基本待遇、专业发展和工作环境，各地各校给出的条件在抢夺人才中攀比提升，导致他们的期望值也越来越高。因此，虽然忙碌了 14 个多小时不停地找人、谈话、跟进，但还是没有满意的结果。

面试考核时间和方式的局限性，加上“饥不择食”的选聘状态，容易导致出现看走眼的情况。为了更加全面做好选聘新进教师工作，我们可以从以下几个方向进行深度了解和考量：

1. 教育理念和教学目标。通过询问应聘者心目中的老师形象、高中班主任对自己最有触动的管理方式等问题，了解他们的教育初心和教育理念，了解他们如何看待教育和学生发展。同时，探讨他们对教学目标的理解和期望。

2. 教学方法和教学策略。通过聆听应聘者举例描述他们在实习或者高中读书时老师常用的教学方法和策略，来了解他们在具体情境下如何运用上述方法和策略。

3. 课堂管理和组织能力。通过询问应聘者读书时期他们的班主任是如何管理课堂秩序，如何处理学生之间的冲突，如何对待“刺头”学生，以及如何组织课堂活动以提高学生的学习兴趣和参与度等，了解他们基本的教育管理理念。

4. 评估能力和反馈手段。通过询问应聘者如何进行学生学习成果的评估、如何给予学生有效的反馈、如何帮助学生改进学习方法和提高学习成绩，来判断他们对评价标准和反馈方式的思考。

5. 专业素养和知识储备。通过引导应聘者对正在研究的课题进行简要描述，或者对本学科的基本学习感受，来了解他们在所教授学科领域的专业素养和知识储备，并适当引申到他们如何保持学科知识的更新和发展。

6. 与学生沟通和建立关系。通过询问应聘者在中学、大学与同学的交往案例，来侧面了解他们的个性特点、人际交往，进而了解他们是如何与学生建立良好的沟通和信任关系，考量他们是否关注心理健康和成长需求问题。

7. 团队合作和领导力。通过引导应聘者讲述他们在大学各项团队合作活动中的角色和表现，及其在面对困难和挑战时如何发挥领导作用，大致了解他们的协作意识和领导力。

8. 自我反思和持续学习。通过询问应聘者面对学习、生活中的困难和挫折时如何进行自我反思、如何改进提高效益，来了解他们是否具有持续学习和专业发展潜质。

9. 应对突发情况的能力。通过给应聘者设计一个模拟情景，从中观察应聘者在面对突发情况时如何应对和解决问题，主要考量他们是否沉稳、淡定、周全、智慧，更深入了解他们的综合素养。

10. 个人品质和职业操守。通过细致观察应聘者在待人接物中一些非常细微的动作、表情和语言表达等，来了解他们的个人品质(如诚信、责任心、耐心等)，以及他们是否具备良好的道德素养和职业操守。

总之，现在大学生就业"高不成低不就"的现象是制约就业率提升的主要因素之一，选聘学校要在挑选过程中适当增加对应聘者求职就业的正确引导，同时用发展的眼光来看待年轻人，这样会更好地促进就业市场的良性发展。

新时代共产党员的担当

在当前"三新"背景下，学校进入高质量发展的快车道，我们每一位新时代共产党员应该有所担当，今天就和大家交流这个话题。

首先，什么是担当呢？

《现代汉语词典》注解，担当就是"接受并负起责任"。简单地说，就是一事当前，勇挑重担，敢于负责。具体来讲，担当是一种精神、一种态度、一种习惯、一种要求、一种能力，更是一种素质；担当是一种高尚的品质、一种崇高的境界、一种催人奋进的力量；担当是一种不辱使命的气概、一个顶天立地的人的基本素养。

在不同领域和不同角度下，担当便有了不同的诠释。"一人做事一人当"，是普通百姓对担当率直快意的表达。"天下兴亡、匹夫有责"，是仁人志士丹心报国的担当誓言。电影《英雄儿女》中王成面对危难发出"向我开炮"的呐喊，是对祖国忠诚的一种生死担当。爆破专家林俊德、抗疫先锋张定宇、七一勋章获得者张桂梅等一大批新时代英雄，用自己的实际行动感动着中国，这是践行着共产党员铮铮誓言的担当。

由此，我们不难看到，担当存在于人的生命和社会发展的历程之中、历史转折之际、世事危难之秋、思想禁锢之地、人性扭曲之时、平凡工作之中。人类社会的每一项事业、每一次进步都需要有人担当在前。因此，中国共产党人作为工人阶级先进分子代表，在危难当头、紧要关口，需要挺身而出、勇于担当。

其次，担当的本质与表现体现在哪些方面呢？

勇于担当，本质上是源于强烈的事业心、责任感，源于一个人永不忘却的初心。没有干事创业的初心，就没有昂扬向上的工作热情，就没有舍身忘我的拼搏精神，就不会有担当的精神。大量事实表明，只有勇于担当、敢于作为，才能凝聚身边人，才能在艰难的工作中求进取，不断开创新局面。因此，有无担当精神，是衡量共产党员素质高低，也是衡量一个人是否敢于负责、勇于担当的重要标尺。能够做到于困境中找出路、于无望中创造可能、于可能中办成事情，这就是共产党员最大的担当。

最后，我们如何增强担当能力？

担当能力是共产党员在实际工作和生活中要始终坚持培育的一种能力。加快知识更新、加强实践锻炼，使专业素养和工作能力跟上时代节拍，避免少知而迷、无知而乱，努力成为做好工作的行家能手。共产党员要坚持强化自身思想政治素质，不断提高责任担当能力。

加强学习能力。要树立终身学习的观念，打好理论学习功底，坚持用科学理论指导实践行动。通过学习增强责任担当和解决问题的能力，在学习时紧密联系工作实际，不仅向书本学习，还要向实践学习、向群众学习。

提高创新能力。要在工作中与时俱进，培育世界眼光和战略思维，准确把握教育教学的发展规律和发展趋势。获取吸收新的信息、新的知识、新的思想、新的理念、新的模式，积极实践、大胆创新、科学决策。

增强实践能力。要坚持在思想认识上、观念行动上直面困难和挫折，坚持在实践过程中探索发现，立足工作实际。把工作重点放在发现问题和解决问题上，增强办实事的能力，严格履行自身职责，用饱满的工作热情感染身边人。

（注：本文由作者上的一次党课整理而成）

校长如何做到依法治校

武汉市校长提高培训班请我去讲校长如何依法治校，这正好促使我梳理一下这方面的思考。我想首先需要搞清楚依法治校的主要依据包括哪些方面，概括地说主要为以下五点。

1. 国家法律法规：校长需要遵循《中华人民共和国教育法》《中华人民共和国义务教育法》等国家法律法规，确保学校的各项工作符合法律法规的规定。

2. 地方性法规和政策：根据所在地区的具体情况，校长还需要了解和遵守地方政府制定的有关教育管理等方面的法规和政策。

3. 学校章程和规章制度：校长需要依据学校章程和各项规章制度开展

工作，这些制度应明确学校的办学目标、管理体制、教育教学要求、师生权益保障等内容，为学校的各项工作提供法律依据。

4. 教育部门和教育行政部门的指导：校长需要关注教育部门和教育行政部门发布的有关教育改革、教育教学、学校管理等方面的指导意见和规定，确保学校的各项工作与上级部门的指导要求保持一致。

5. 教育行业的道德规范和职业操守：校长在履行职责过程中，还需要遵循教育行业的道德规范和职业操守，树立良好的师德风范，为师生树立榜样。

作为校长，首先就是要认真学习和理解以上五个方面的具体内容，同时利用教职工大会等机会组织全体教职工学习国家法律法规，提高全校师生的法治意识。通过举办法治讲座、法治知识竞赛等，让师生了解法律法规的重要性，增强遵纪守法的自觉性。学校党委、校长要倡导设立由党委、纪委牵头的法治工作领导小组，负责对学校各项工作进行监督检查，确保学校各项工作依法进行，同时也要将学生的法治教育一并规划，提高师生的法治素养，对于违反法律法规的行为，要依法严肃处理，维护学校的法治秩序；对于涉及学生权益的问题，要及时采取措施，保护学生的合法权益。在依法治校的过程中，要及时总结经验教训，发现问题并加以改进，通过不断调整和完善学校的管理制度，提高学校的法治化水平。

总之，在学校依法治校的过程中，校长要始终弘扬法治精神，严格遵守国家法律法规，努力提高学校的法治化水平，为培养德智体美全面发展的人才创造良好的法治环境。

校长如何促进教师的专业发展

近期在各种校长培训活动中参观了几个小学、初中和高中，听到了很多学校校长的介绍，深刻地感受到校长的工作没有比促进教师专业发展更重要、更基础、更持久的了。只有教师发展的工作做好了，学生的发展才能得到实现。没有教师的发展，就没有学生的发展。

人们经常说，校长是学校的灵魂，教师是质量的关键。昨天合格的教师不等于今天仍然合格，今天合格的教师不等于明天仍然合格，教师只有与时俱进才能保持思想观念、能力水平的领先。校长不可能面对每位学生，每天直接面对学生的是教师，校长直接面对的也是教师。所以促进教师的专业发展是校长的第一使命，校长需要明确地认识到把做好促进教师专业发展的工作放在最重要的位置。

校长要激发教师的热情和对教学的敬畏之心，帮助教师制订专业发展规划，有计划、有系统地促进教师拓展知识、深化知识、更新知识、综合知识，打造有共同愿景，有效获取、传递和创新知识的学习型组织，形成校园内终身学习文化，这是很多知名学校的校长能够成功推动学校高质量发展的秘诀。

1. 提供专业发展机会。教师需要不断学习和提高，以适应教育的变化。校长要提供专业发展的机会，如研讨会、培训课程、在线学习等，帮助教师提升教学技能，增强对教学的热爱和敬畏之心。

2. 给予及时认可和充分赞赏。教师的工作往往辛苦而不被看见，因此，给予他们及时的认可和充分的赞赏是非常重要的。通过公开表扬、奖励、优秀教师评选等方式，让教师感到他们的努力得到了回报。

3. 不断改善工作环境。一个舒适、支持性的工作环境可以提高教师的工作效率，也有助于激发他们的热情。这不仅包括提供必要的教学资源环境，还包括创建一个积极、尊重和支持的团队氛围。

4. 鼓励教育创新和实验。教师应该有机会尝试新的教学方法和技术，以满足学生不断变化的需求。鼓励教师进行教育创新和实验，可以让他们感到自己的工作是有意义的，也可以提高他们对教学的敬畏之心。

5. 建立有效的沟通机制。教师需要与学生、家长和其他与教育相关的方面进行有效的沟通，建立有效的沟通机制，如定期的会议、反馈系统等。可以帮助教师了解他们自身的表现，也可以让他们感到自己是教育过程的重要部分。

总之，一个好的校长不是自己教育教学干得有多好，而是能否充分调动、组织、部署、培养、提升所有的教职员工，将所有的教育资源与教师专业化发展融合，共同成就学生发展的强大力量。

02

教师引领

给新入职教师的建议

人的一生很短暂，每个人一辈子都在追求幸福与自由。但是随着年龄的增长发现这个追求似乎很难达到。但如果有了以下“三感”，那么就迎刃而解。

第一是归属感，即要有职业归属感和环境归属感，正确认知自己，思考想去哪，明确怎么去。职业归属感是大学生步入社会、步入职场以后的第一个面对的问题，心高气傲、这山看到那山高，总是想去更高的平台发展，是不现实的。应该在客观分析自身实力的基础之上，静下心来认同职业，发掘自身与职业的契合点，只有这样才能够稳定好自己的心态，才能够脚踏实地开始每一天的工作。

环境归属感通常指的就是要随遇而安，无论是做短工还是做长期，无论是聘用还是在编，有幸走到一起都是缘分。要在环境中去学习，在环境中去找归属感。而不是格格不入，自命不凡，那样人家也瞧不起你，自己也觉得孤独。

第二是责任感，就是要努力培养自己“全情投入和全心投入”的习惯。

全情投入，是指带着激情、带着温情去面对自己的生活与工作，不随意矫情、不带负面情绪。这样做事起来，心态上是平衡的，是有益于健康与成功的。

全心投入，是以目标为动力，以问题为导向，在过程当中找到解决问题的规律和方法，顺的事要继续做顺，不顺的事要通过学习和研究后做顺。

把情和心投入到了自己的工作中或者生活中，那么这个人的责任感差不到哪里去。

第三是成就感，就是指不断地反思总结，树立“所有的经历都是成就”的观念。成就感是每个人都想要的，但是历史和现实告诉我们一个哲理：人的一生从来没有一帆风顺，也没有不停地向上或者向下，是前进中有曲折，曲折中有前进，宏观上看是进，微观上看不一定都是进，甚至可能是倒退。因此每一步都要及时认真地反思与改进，这些经历是一生中用金钱都换不到的财富。

有了上面的“三感”，就会在工作与生活中体验到人生的幸福与自由。

教师要不断提升自身的教育机智

紧张的专项招聘教师工作结束了，感慨现在的大学毕业生综合素质整体都上了层次。无论是外在形象、语言表达还是思维品质和知识广度，都较以前的毕业生厉害多了。不难看出，这些“零零后”大学生身处新的历史发展阶段，在教育资源越来越丰富、教育重视程度越来越高的背景下，他们所受到的良好教育给他们更好地适应未来社会发展和职业要求提供了强大的支撑。作为老的教育工作者，既感到后生可畏，也欣慰于事业发展后继有人。

这两天的招聘，大家谈论最多的话题就是教育机智问题。我认为，无论是大学生还是老教师，都会遇到一些突发情况，如何巧妙地处理就需要以综合素养来应对。例如有这么一个情境：大雪纷飞，上课铃响了，老师走进课堂准备讲课，却遇到所有学生提出要打雪仗的恳求，那么老师怎么办？这就是一个典型的教育机智问题，是对教师在教育教学过程处理特殊问题能力的考量。教师要能根据学生的这种意外情况恳求，迅速而正确地作出判断，随机应变地采取及时、恰当、有效的教育措施来解决问题，需要用教学理念、教学方法、教学技术、教育心理学等素质综合来作出决策。

对上面这个案例，原则上应该把握两个方面：其一是处理好教育常规管理要求与关爱学生身心发展需求的平衡；其二是艺术性地融合教育教学目标与学生现实期盼。基于这两个方面来思考，可以形成多种处理该问题的途径和方法。

首先，要充分理解学生渴盼打雪仗游戏的孩童心理。这个游戏可以让孩子们在冬季难得的自然风景下，通过身临其境的打雪仗愉悦身心，锻炼自身的反射神经、运动能力，增强新陈代谢，提高身体免疫力，加强与他人的沟通，培养团队协作能力等。所以，老师可以对打雪仗这个恳求予以充分的肯定，这样可以让学生感受到他们的兴趣诉求被老师认同，为下一步的沟通奠定了良好的感情基础。

其次，要借助自身学科特点，巧妙地将打雪仗的关注点转化为对“雪”的认知探究上。例如语文老师可以问学生还记得哪些描写雪景的诗句，这些诗句中的雪与教室外的雪有什么区别；数学老师可以抛出气象学中对下雪概率的判断问题；物理老师可以引发物质状态的转化及其条件探讨等，将学生渴盼打雪仗的激动心情进行有效的平复和转移，尽快与本节课教学内容进行对接。

最后，要在教学过程中向学生适时渗透对一件事作决策时，要进行条件分析、规章对照、方案制定和安全防范等综合考虑，逐步引导学生形成比较成熟的思维方式和问题处理方式，等到课下召集班级学生干部一起研究打雪仗的方案，让他们在科学组织、安全防范的前提下打雪仗。对于那些不假思索、随意出头的学生要给予重点关注，打雪仗时进行深入的沟通和交流，教会他们如何更加理智地提出自己的想法和见解。

总之，教师在教育机智的日常处理中，以积极主动的教育态度敏感地关注到学生的需求和问题，在遵循基本规章制度的前提下，灵活运用各种教育方法和技巧，以事半功倍、快速高效的方式处理好突发情境，顺利完成好教学任务。

骨干教师专业发展的建议

骨干教师是学校高质量发展的中流砥柱，是教师专业化发展工作的重点群体。学校党委、校长历来高度重视骨干教师队伍建设，尤其是当前学校处于新老交替、砥砺发展的关键期，骨干教师队伍的专业化发展更是要引起全校上下的关注。

近年来学校办学质量一步一个脚印上台阶，市区领导越来越关注学校可持续发展问题，并对未来3～5年的发展给予非常大的期盼。从学校实际状况来看，骨干教师队伍建设进入了机遇期和成熟期。硚口区委区政府对教育的重视和对学校的要求，为学校骨干教师专业发展创造了难得的平台和氛围。当前学校骨干教师的年龄在40～50岁，积累了相当丰富的教育实践经验和业绩，具备了鲜明的教学风格，形成了较为完备的学科教学体系和方法。因此，骨干教师进一步统一思想、明确方向，整理总结教育教学规律，提炼自身的教育思想，在学校七十周年校庆之际作为教育成果进行传承和发扬，这是非常有意义的工作。下面特提出以下三个专业发展建议。

1. 提升政治站位。作为基础教育的骨干，教师的政治站位是最根本的专业基础。骨干教师应该深刻领会习近平新时代中国特色社会主义理论在教育实践中的重大指导意义，牢固树立“为党育人、为国育才”的宗旨，不折不扣地落实党的教育方针，在政治上始终与党中央保持高度一致，以高尚的师德标准廉洁从教，以精湛的教学技术立德树人。

2. 提升专业层次。骨干教师要带头在新高考改革的大潮中加强学习，围绕培育必备品格和关键能力进行系统性的思考和研究。既要做一名教育改革的实践者，又要做一名潜心育人的思想者。要将自己独特的教育思想和有成效的教学实践进行整理提炼，不断总结提升成为学校学科建设和自身业务的宝贵财富，这也是对自己所从事的教育事业一个负责任的传承。

3. 提升辐射影响。学校历来强调教学的个性化，即充分肯定"一个师傅一个法"，倡导包容一切行之有效的教学风格和方式，反对用固定模式去禁锢教师的个性化主张和实践。因此，骨干教师应该大胆积极地展示和传递自己的教育主张和教学理解，向外增强拓展能力，带好青年徒弟朝着学术百花齐放、风格五彩缤纷的方向发展，也要让年轻教师感受到学校骨干教师的博大胸襟。

当然，大环境导致学校面临的暂时性困难制约着骨干教师的专业化发展。骨干教师要正确看待以下几个问题。

1. 生源问题。生源问题的复杂因素不必多说，但是骨干教师要牢固树立有教无类的思想，从自我做起，从每一个教育行为做起，要明确自己每时每刻的一言一行都是最好的招生宣传，要坚持走正道不走歪门邪道，用我们自身优良的办学质量一步步吸引优秀生源。党委和校长室也将继续做好招生工作，积极争取市区政策支持，以创建小初高教联体模式来搭建拔尖创新人才一体化培养链条，从根本上提升生源质量。

2. 竞赛问题。长期以来学校坚持以常规教学带动竞赛培训，各学科依然要继续坚持这个基本做法，只有扩"面"才有更好的"点"。骨干教师要积极投身学科竞赛培训的研究中来，重点打造化学、生物和信息技术等容易上手的学科竞赛，同步拉动其他学科的竞赛，以星星之火可以燎原之势来推动学校学科竞赛的开展，逐步打开局面形成特色。

3. 职称问题。学校党委、行政把每年两次职称晋升作为硬性指标纳入学校工作计划，确保每年职称晋升不断线，争取各种政策支持来推动这项工作。但是骨干教师中存在政策、结构和指标等问题而积累的突出矛盾是存在的，这需要骨干教师保持淡定，大家要相互搭台、相互支持、相互认可，配合党委和校长室在这三年内逐步调整缓解。

4. 质量问题。学校质量好比一个人的健康状况，需要全面均衡配置营养、循序渐进、推进提升，不要一谈质量就是所有事都不干，只抓教学。质量是要靠教育教学常规过程的累积来支撑，不是靠空喊口号、投机取巧，更不是以短视、短期行为或者违背人品的方式来获得不靠谱的质量。骨干教师要带头把“课程与课堂、育人与育分”牢牢抓在手上，尊重教育规律，潜心做好教育人应该做的每一件事，那么质量的提升指日可待。

教师团队建设的思考

现代管理理论指出，形成团队的核心就是要使团队成员之间就共同价值观和某些原则达成共识或共同愿景。教师团队就是教师在学校目标定位、管理思想、教学理念上达成共识，高度认可学校发展的共同愿景，并使之成为凝聚人心、共赴成功的原动力的集体。学校正值新老交替密集期，带领团队培育共同愿景是摆在我们班子面前的重要课题。我认为应该从以下五个方面去开展工作。

1. 统一思想，使教师认识到团队的重要性。把“大雁团队”精神学习作为每学期的必修课融入校内所有会议和集体活动之中。众所周知，在飞行过程中，每只大雁都要承担一定的阻力，只有通过合作才能让整个群体顺利飞行，领头大雁承受着最大的空气阻力，但它仍然坚持领导整个群体前进，当领头大雁疲倦时，它会退到队伍的后方，另一只大雁则飞到它的位置，接替领头的位置。因此我们号召全体教师在工作中都需要承担自己的责任，相互信任、相互支持，骨干教师要有敢于争先、勇于自我牺牲的精神，率领大家一起在团队合作的基础上完成教育教学任务。

2. 规范制度，使教师形成团队的基本习惯。增强团队意识的责任感和使命感单靠思想教育还是不行的，需要建立和健全完善的管理制度，使大家时时事事处处都有章可依，有据可循，达到团队行为的规范化。在教育教学实践中积极倡导捆绑式的教学质量评价观，根据实际情况进行常态化的修改补充，帮助教师克服“山牛过水各顾各”的现象，增强教师的合作与竞争的意识，为教师团队合作育人奠定制度基础。

3. 关注情感，使教师感受到团队的温暖。坚持以人为本，重视研究教师情感变化的规律，加强校园工作环境的感情投入。在政治、工作、生活上关心教师，以诚相待，为有困难的教师排忧解难，力求做到有难必帮，有求必助，努力为教师多办好事、实事；组织开展内容丰富、形式多样的有益身心健康的集体活动，如举行教师拔河、乒乓球、排球、篮球、足球比赛、歌唱大赛、书画比赛等文体活动，促进教师相互间的了解和情感的沟通；每当学校作出重大决策前，都要先倾听教师的意见和建议，采取切实可行的措施，满足不同教师的情感需求。

4. 利益激励，使教师享受到团队带来的实惠。采用利益激励这种手段时始终要坚持机会均等和效益优先原则，金钱等物质手段的激励效果不取决于其数量大小而取决于是否合理，要真正做到在每个教师取得物质利益报酬的机会均等的前提下奖勤罚懒，切实避免“干与不干一个样，干多干少一个样，干好干坏一个样”的平均主义。切实做到利益鼓励与学校制度相衔接、学校发展与福利待遇相适应、集体利益与个人利益相兼顾、激励目标与激励效果相一致。通过不断完善教师激励制度，有效地调动了教师工作的主动性、积极性和创造性，促进教师都能心往一处想，劲往一处使，形成了强大的合力。

5. 成就事业，使教师产生依靠团队的动力。打造教师团队最根本的核心问题是事业，有了事业，人才的价值才有体现的平台，才有发挥的空间。要创造有利于教师事业发展的良好环境，努力营造适宜教师发展的空间，建立有利于教师脱颖而出的用人制度，坚持公开、平等、竞争原则，建立选人有条件、上岗有职责、竞争有规则、考核有标准、奖惩有依据的动态用人机制。

总而言之，靠“统一思想，规范制度，关注情感，利益激励，成就事业”的理念，可以形成一个“拴心留人”的环境。其中“统一思想”是前提和基础，“规范制度”是保障，“关注情感”是纽带，“利益激励”是条件，“成就事业”是根本。只有这样，打造教师团队才能呈现良好的发展势头，最大限度地促进学校各项工作的顺利开展和教学质量的提高。

做引领学生走向人生美好的心灵导师

班主任的工作特点与学校“一把手”是一样的，身上肩负着各条线的各项工作，核心就是共同做好立德树人的根本任务，引导学生全面发展，走向人生美好。新课程、新教材和新高考对班主任工作提出了新的课题。在新学期起点，全体班主任从以下四个方面展开班级工作。

1. 强化引导学生形成正确的政治立场、世界观和方法论

三种文化：中华优秀传统文化、革命文化和社会主义先进文化；

四观：国际观、历史观、民族观和文化观；

四个自信：中国特色社会主义的道路、理论、制度和文化自信；

2. 科学管理学生促进身心健康发展

深入学习研究15～18岁年龄段学生的身心发展规律，特别关注这个年龄段学生的激素水平是增幅大、总量大的特点，心理上具有个性倾向明显（更加自我）、情感异常丰富（多愁善感）、知识与见识不全面的情况下的理智

性提高(容易以偏概全认死理)。班主任对身心正在发育成长的学生的一言一行、一举一动都有影响。

3. 激发与保护学生可持续的认知动力

15～18岁学生的认知结构正在形成完整的体系，思维能力向理论思维转化，抽象逻辑思维逐渐占优势地位，辩证思维和创造性思维有了很大发展。根据高考的新变化，我们要进一步学习如何科学激发学生思维的主动性，保护学生思维的火花，推动学生朝着高阶思维发展，为所有学科的核心素养和关键能力培养营造氛围。

4. 培育学生优良的个性品质

优良的个性品质主要体现在诚意、友爱、理智和率真四个方面。

诚意就是具有热情、热心和兴奋等糅合而成的感情状态；友爱就是充满善意和体贴；理智就是不随意、冷静、有节制看待问题和处理问题；潇洒就是保持清洁整洁、积极向上的阳光形象。

做好以上四个方面的工作需要我们班主任自身加强观察、学习、思考和探索，扛起班级“一把手”“心灵导师”的责任。在具体管理和引导中注意以下四点：

1. 所有的班级管理都是基于遵循学生身心发展规律(15～18岁)。违背规律就等于给学生吃错了药，导致学生一生的身体和心理上的痛苦和不幸福。

2. 把立德树人和“五育”融合作为工作的出发点和落脚点，更加关注长远发展。

3. 处置班级事务中的突发问题时把握“急事缓、缓事急”的原则，先冷静思考对策，切忌冲动表态，重大处置方案要依法依规并提前汇报请示商量。

4. 始终站在帮助学生进步的角度与学生、家长对话，在寻求共同利益点的平台上寻找解决问题的举措，切忌任意舞动手中的权威。

“教师的语言功力”是决定教学质量的首要因素

在外省参加一个校长论坛时，我观摩了四节青年教师的展示课。且不谈课堂教学的设计和组织，仅仅语言表达出现的很多问题，让我再次强烈地意识到，老师的语言能力在其职业素养中是处于第一重要的地位。老师一开口就可以决定其教学效果的一大半，因此，非常值得把这个能力再进行全面阐述。

教师的语言讲解要在六个方面体现较高素养：

1. 清晰明了。教师的语言讲解应该音量适中、简洁准确，避免口头禅、重复讲话或者使用复杂的词汇和句子结构，以便学生能够理解，这是最基本的素养要求。

2. 生动有趣。教师的语言讲解应该生动形象、抑扬顿挫，以吸引学生的注意力，激发他们的学习兴趣，避免过于刻板单一，语速过快或者过慢都不可取。

3. 逻辑性强。教师的语言讲解应该有明确的逻辑关系，使学生能够理解和掌握教学内容的结构和内在联系，不要让学生觉得跳跃性太大难以跨越。

4. 富有感染力。教师的语言讲解应该充满热情和感染力，以激发学生的学习热情和积极性，同时配以丰富的面部表情，增强亲和力。

5. 具有启发性。教师的语言讲解应该具有启发性，给学生思考的空间，引导学生发现问题、思考问题，培养他们的思维能力和创新能力。

6. 尊重学生。教师的语言讲解应该恰当得体、客观直白，每一句话尽可能让学生感受到被信任、被尊重，避免使用贬低或侮辱性的语言。

要把语言表达能力提升到以上高度，教师要有高度的自律意识，课堂教学中不是想怎么说就怎么说，要把语言的锤炼作为头等大事来训练自己，建议年轻教师从以下方面来突破：

提高教学语言素养。通过阅读、写作、听说等方式，不断提高自己的语言素养，使自己的语言更加准确、生动、有趣。

学习教学语言技巧。积极参加教学语言技巧的培训，学习用简洁规范的语言讲解复杂的教学内容，用生动形象和富有感染力的语言激发学生的学习热情。

观摩优秀教师的教学。通过观摩优秀教师的教学，学习他们的语言表达方式和技巧，吸取他们的教学经验。

坚持语言反思和改进。借助学校常态化录播设备，把自己的课录下来，反复研究自己的教学语言，找出存在的问题和不足，然后进行改进。

主动接受他人的反馈。积极接受学生和同事的反馈，了解自己的教学语言是否清晰、生动有趣，是否具有启发性，是否尊重学生等。

提高语言素养，把课堂教学语言表达的功底夯实。需要多多参与教育教学实践，通过各种实践机会来提高自己的语言能力。在表达的同时要学会理顺逻辑思维，让“好好说话”的自己成为学生学习的榜样。

拥有才艺是优秀教师教育教学业绩的加分项

武汉市第二十三届职业技能大赛暨第十八届教师五项技能竞赛决赛日前结束，我校胡雯媛老师和高敏君老师在课堂教学、案例分析等项目上分别获得中学组第一名和第五名。在才艺比赛中也取得了名列前茅的成绩。拥有才艺无疑是优秀教师教育教学业绩的加分项，对于教育工作具有重要的意义。

才艺出众的教师具有吸引力。拥有才艺的教师的生活、工作是有色彩的，也会延伸到其个性和性情上。教师在课堂上可以将才艺巧妙地展示在学生面前，这样可以吸引学生的课堂注意力，使他们更愿意参与到课堂活动中来，让课堂充满着快乐与活力，学生学习也会觉得很轻松。

才艺出众可以促进师生关系。学生在紧张的课堂学习之余如果能够参与到教师即兴课堂才艺活动的组织和展示中来，将会在愉悦心情下更好地投入到新知学习，尤其可以拉近师生、生生之间的距离，增进彼此的了解和信任。例如，擅长舞蹈的教师可以通过组织班级舞蹈活动来与学生建立更紧密的联系。

才艺出众可以支撑丰富的教学方法。教师运用自己的才艺可以为课堂教学中不同的教学内容设计多样化的教学方法。讲授法、探究法、谈话法、表演法等各种教学方法对老师的全面素质有较高要求，需要多项才艺来支撑。例如，一个擅长戏剧表演的教师，可以通过组织学生进行角色扮演来提高他们的口语表达能力。

才艺出众可以催生最佳的教学效果。教师的才艺可以帮助他们更好地传授知识和技能，例如，具有演讲辩论才能的教师的语言表达能力是一流的，课堂教学语言一定是能够让学生理解与接受的；具有绘画才艺的教师可以在黑板上随手画出世界地图，帮助学生清晰地获知世界地理的相关知识等。

才艺出众可以塑造良好的校园文化。当学校每位教师都拥有各式才艺时，那真是学校一道又一道靓丽的风景，可以为学校创造充满活力和创造力的氛围，浓厚的校园文化是教育教学高质量发展的沃土。例如，擅长摄影的教师可以通过组织摄影比赛来提高学生的摄影技能，展示学校的风采，还能提升整个校园的文化品位。

总之，教师拥有才艺对于提高教学质量、培养学习兴趣、促进师生关系、厚植校园文化等具有重要的作用。因此，学校应该鼓励和支持教师发挥自己的才艺，聘请各行各业的专家来指导教师学习各类才艺，定期组织开展教师才艺展示或比赛，引导教师充分利用才艺去丰富自己的教育教学行为，为提高教育质量、培育时代新人添砖加瓦。

培养学生深入探索源头的思维习惯

学习高一化学“物质的量浓度”一节之后，历届学生很容易陷入物理量成群、符号公式成堆的头皮发麻状态。尤其是遇到物质复杂、反应多元、线路交叉、数量转化等多重问题时，往往会没有了方向感，解题思路基本上是靠把公式都拿出来蒙，没有一个清晰的解决问题的思路和方向。今年，经过反复考量后，我对“物质的量”这一章节采取了和以往不一样的教学方式。

首先，我把物质的量、气体摩尔体积、物质的量浓度这三个概念群分散到“氧化还原反应配平”“钠及其化合物”和“氯气及其化合物”三个小节之间进行教学。既让学生感受到这三个概念群的难度被分散了，又可以在对应的小节中去熟悉、应用这三个概念群，学生们普遍反应简单多了，非常容易理解、记忆和运用。也就是说，将成群的物理量变得单一，成堆的符号公式切割成小段，学生的学习压力一下子就降下来了。同时还在上述三个小节中得到反复的深化理解和熟练运用，自我感觉这是一次非常成功的教学内容重整。

最令我感到兴奋的是第二步处理方式，就是在这三个概念群的教学中始终引导学生以深入概念本源为解决问题的核心思想，反复强调不要死记硬背公式，更不要不明方向、急于求成地去拼凑公式、生搬硬套。在各种各样变化的习题评讲中，不断强化要回归基本概念，从源头去理解和思考解决各类题型的方法。因此，学生们在学习到第三个概念群时，面对多个初高中的物理量、符号和公式交织的复杂情境，他们都能从容以对。按照我交给他们的万变不离其宗地深入概念源头去搭建复杂化学反应中众多物理量之间的关联，在明确起点、目标的基础上能够迅速理顺解决问题的流程，从而很好地跨越了为了解题而解题的狭隘教学目标，让学生养成了深入源头去探索的思维习惯，同时也让学生体会到了由他自己从原始概念上创建解决问题路径的成就感，极大地提高了学生的自主学习能力和解决问题的能力。

本章节教学今天刚刚结束，午间休息刷手机碰巧看到 2022 年、2001 年两届诺贝尔化学奖得主夏普莱斯的教育感悟。他说，自己的成功得益于在读研究所期间上过一位教授教的课。那个老师总是指导他们去了解起源，强调无论如何必须先有起点和方向，从源头开始探索，一切必须以此为基础。他说，正因为在那时养成了深入源头去探索的思维习惯，才奠定了他成功走上创造性的研究之路。看完这个报道之后，我更加坚定了这种教学方式！

再次反思，深入源头去探索的思维习惯，的确具有很大意义：

1. 能够深刻理解概念本质。深入探索源头可以更好地理解概念的本质、原理和规律，有助于在面对复杂问题时能够迅速找到问题的关键所在，从而更有效地解决问题。

2. 能够培养学生创新能力。深入探索源头需要放弃已经成型的公式和模式，促进学生从源头开始思考，能够独创性地找到解决问题的路径和方案，这种思维方式有助于培养创新能力。

3. 能够提高学生学习效率。深入探索源头可以帮助学生反复、多角度去建立起完整的知识体系，避免陷入公式化、碎片化学习的困境，使学生在短时间内以点带面看清众多问题的实质。

4. 能够增强学生的自信心。深入探索源头并找到问题的解决方案时，学生会对自己的能力产生信心，这种自信心对于他们在学习、工作和生活中应对挑战具有重要意义。

5. 能够有利于拓展视野。深入探索源头是生发链接更多概念的手段，可以引申出更多的知识和信息，从而不断拓展学生的视野，使他们在面对不同领域的问题时能站在更高的角度进行思考并作出更全面的决策。

总之，深入探索源头的思维习惯对于学生的学习和成长具有重要意义。在新高考改革的背景下，对夯实学科基础、培养创新能力、提高学习效率、增强发展自信、拓展学科视野等，具有较好的推动作用。

科学的学法指导是起始年级的当务之急

今天有几位高一的学生向我咨询：为什么上课老师讲的都能听懂，但是考试遇到新情境试题时脑袋就是糊的，而且总想着原来做过什么类似题，用过什么样的方法，总想着用曾经记住的方法去套，虽然偶尔可以奏效，但更多的时候行不通。其实有这种困惑的高一新生非常普遍，主要是以下两大原因造成的。

其一，初中绝大部分时间处于比较贪玩的状态，学习目标不明确、学习内驱力单一或不足，基本上是一种被动的学习状态。很多学生在初三下学期最后两三个月才开始“努力”，这种“努力”就是按照中考固定模板进行大量刷题。由于中考备考的套路化训练在短期内提分是有效的，所以很多学生就是靠着这种方式被“催肥”的，中考分数虚涨。然而这样的“努力”并没有真正从学习习惯和能力内核上去得到锻炼，相反还自认为高中学习也可以如法炮制。

其二，很多学生从小是以兴趣爱好和对老师的喜好为出发点的。喜欢的学科和学习方式就很投入，不喜欢的学科和学习方式就不投入，从而导致部分学科的基础没有打扎实，学科素养不均衡，制约了整体能力的提高。男生主要表现在：对于语文和英语学科不愿去花功夫记忆基本素材，缺乏深度阅读和写作训练，对待问题普遍采取的是浅尝辄止的方式。女生主要表现在：过于刻板地按照要求做笔记并严格背诵，多层次多角度的逻辑性思维训练和打破常规创造性的思考做得不够。

因此，我们家长和老师要在深入分析的基础上，给学生做出科学的学法指导。以下三个关键点是家长和老师要重点关注的。

1. 帮助孩子们不断提升学习内驱力。内驱力既是学生目标坚定的体现，又是改进学法、均衡发展的保障。科学引导学生提升学习内驱力是首要的工作，需要因人而异、长期坚持、综合施治，简单粗暴或者强行加压都是不可取的。强大的内驱力靠阅读视野的开阔、价值认知的深刻、实践成就的激励和成长环境的熏陶来形成，靠外界来硬性驱使的效果是短暂的，也是不稳定的。内驱力一旦强大，会带来高度的自律、主动的探索、顽强的上进、全面的要求，这样状态下的努力才是“真努力”。

2. 将理解与应用在学习全过程中深度融合。在高中，课前预习要能够自主挖掘出概念规律、来龙去脉的底层逻辑，能够寻找到自己在理解上的难点和质疑。课堂探讨不能变为被动接受、依靠听懂来明了新知的场所，而是印证自主学习思考的真伪、解决课前阅读或应用实践困惑的平台。课后训练要摆脱模式化的思维方式，切实回到基本概念、规律、方法和学科思想的探索。通过高质量的阅读，按照学科基本的思维逻辑去创造性地解决问题，并在大量习题应用实践后进行系统的方法规整，形成符合自身思维习惯的通式通法。

3. 特别提醒家长和学生要学会鉴别。仅仅只是靠超前跑进度、题型模式化的那种短视的、急功近利的校外辅导班，看起来学生是超前学，实际上到后面占据了一次“主动”学的机会。在被动听的方式下学会套用速战速决的解题技巧，实际上并没有从根本上解决提升“学习力”的问题，从而导致学生疲惫不堪地朝着被动套用的愚蠢方式去“傻努力”，在考场上面对新情境的试卷依然无法真正独立分析问题、解决问题。退一万步来讲，即使漏洞很多非要找老师辅导，也应该是带着自己的真问题去，这一点一定要保持高度清醒。

新高考背景下我们的坚守与变革

改革开放以来，随着市场开放、人口流动、网络流行、城市发展，我国教育的外部环境发生了巨大变化，基础教育实践也经历着史无前例的变革。那么，在新课程、新课标、新教材、新高考背景下，各项教育政策举措出台，作为教育人要明确到底哪些要变化、哪些应该不变。

粗略地概括一下，变化包括以下方面：

1. 课程内容更新。随着科学技术的发展和社会需求的变化，课程内容不断更新，以适应时代发展的需求。例如，STEM(科学、技术、工程和数学)教育逐渐成为主流，旨在培养学生的创新能力和实践能力。

2. 教学方法改革。传统的教学方法逐渐被新的教学理念如探究式学习、项目式学习等取代，这些方法强调学生的主体地位，鼓励学生主动参与学习过程，培养学生的自主学习能力和团队协作能力。

3. 评价体系调整。新课程、新课标和新高考要求对学生的评价更加全面、客观和多元。除了考试成绩外，学生的综合素质、学科竞赛成绩、社会实践等方面的表现也被纳入评价体系。

4. 教师角色转变。在新的教育环境下，教师的角色从传统的知识传授者转变为学生学习的引导者和辅导者。教师需要关注学生的个体差异，因材施教，帮助学生发现自己的兴趣和潜能。

那么，不变包括以下方面：

1. 教育的根本目标。培养德智体美全面发展的人才始终是教育的根本目标。无论课程、教材和评价体系如何变化，这一目标都不会改变。

2. 教育的公平性原则。教育应该为所有人提供平等的机会，让每个人都能够充分发挥自己的潜能。在新的教育环境下，政府和社会应持续努力消除教育资源的不平衡现象，保障每个孩子都能接受到优质的教育。

3. 教育的终身性原则。教育不仅仅是为了应对考试和就业，更重要的是培养学生具备终身学习的能力。在新的教育环境下，学校和家庭应共同关注学生的终身发展，帮助他们建立正确的价值观和人生观。

4. 教育的人文关怀。教育应该关注学生的身心健康，尊重学生的个性和兴趣，培养学生的道德品质和社会责任感。在新的教育环境下，教师应更加注重与学生的沟通与交流，关心学生的成长和发展。

针对以上的变与不变，在新高考背景下我们应该坚守以下方面：

1. 坚守教育公平。新高考制度旨在促进教育公平，让每个学生都有平等的机会接受优质教育资源。我们应该关注弱势群体的教育需求，努力消除教育资源的不平衡现象。

2. 坚守教育的原则与方法。教育学经典的理论和思想是值得我们坚守的，德育、教学、体育、美育、劳动技术教学的原则和方法依然是新高考背景下必须遵循的基本规律。

3. 坚守素质教育。新高考强调培养学生的综合素质，而不仅仅是应试能力。我们应该关注学生的全面发展，注重培养学生的创新精神和实践能力，提高学生的综合素质。

4. 坚守个性化教育。新高考鼓励学生根据自己的兴趣和特长选择学科，实现个性化发展。我们应该尊重学生的个性，关注学生的兴趣和特长，引导学生发现自己的潜能。

5. 坚守家校合作。新高考要求家长、学校和社会共同参与学生的教育过程。我们应该加强家校沟通，建立良好的家校合作关系，共同为学生的成长创造良好的环境。

在新高考背景下，我们应该努力改变以下几个方面：

1. 转变教育观念。从应试教育向素质教育转变，关注学生的全面发展，培养学生的创新精神和实践能力。

2. 丰富课程设置。根据新高考的要求，调整课程设置，注重学科之间的融合和跨学科学习，提高学生的综合素质。

3. 改革教学方法。采用更加灵活、多样化的教学方法，激发学生的学习兴趣，培养学生的自主学习能力。

4. 优化评价体系。建立科学、合理的评价体系，注重过程性评价，减轻学生的应试压力。

5. 强化职业生涯规划教育。引导学生根据自己的兴趣和特长选择学科，实现个性化发展，为未来的发展做好准备。

培养学生提问能力迫在眉睫

国庆假期我布置的一个任务是请学生反思整理已学内容，向我提出至少三个问题。或许是因为平时学习掌握得较好(但愿如此)，抑或是初中他们没有经历过这种任务训练，结果发现学生并没有特别踊跃参与，即使有学生提问，也只是反映在内容的遗忘上，而不是特别有深度的发散型和创新型的问题。

记得教育部原部长陈宝生说过，培养学生的提问能力是AI时代应对未来教育的核心内容，并以此为基点构建教育的内容体系。诚然，很多学生小时候特别喜欢问，但是长大了反而不提问了，校园里较多是以听代学，学问的“问”显得氛围不足，这是给当前教育危险的信号。对此，我深感忧虑。

提问应该包括两个过程，首先是深刻性地发现问题，然后是批判性地提出问题。发现问题是在深入了解事物本质和内在逻辑的基础上，找到知识建构中的冲突、前后结论的矛盾、应用方法的优劣、思考角度的创新等，从而发现潜在的挑战性问题；提出问题是在发现问题的基础上，理顺问题的前因后果，有序组织语言，精准地表达出所思所想和所困所惑。

培养学生发现问题和提出问题的能力是教育过程中的一项重要任务，提问能力的培养过程可以激发学生的思考和探索欲望，拓展学生的思路和认知视野，提升学生的沟通和交流能力，促进学生不断地钻研、思考、创新和发展，从而帮助他们更好地应对复杂的现实情境，以适应新高考考查学生“解决问题”的素质要求。

没有问题就是没有真正内化与建构知识体系，没有问题就是没有真正将思维递推到高阶，没有问题就是没有拓展所学和改进创新。因此，教师在教育教学过程中要高度重视问题意识的开发，科学有序地推动学生提问能力的培养。具体可以通过以下方式来开展实践。

1. 不断创设问题情境。通过设计有趣的教学情境、案例分析、讨论话题、作业反思，让学生置身于冲突不断而需要解决问题的环境中，激发他们的探索欲望，引导学生在情境中发现真实的问题，反思自己的知识与方法体系。

2. 真诚鼓励倡导提问。在课堂上要降低教师高高在上的身份，主动与学生保持同一思维层次甚至是稍低层次，引导学生视线探寻疑惑，鼓励学生积极提问，采用多种形式组织学生梳理问题表达，开展探究活动来回应提出的问题。

3. 强化培养批判性思维。将拓展阅读、专题辩论、整理反思等方式贯穿于课堂教学和课后作业之中，高频率开展学生比较分析、思辨评估、改进创新的学科活动，倡导学生从不同角度审视问题，提出自己的不同观点和创意。

4. 提倡合作学习交流。鼓励学生进行小组讨论、项目合作、师生共研等多种形式的合作学习，在合作过程中指导学生运用头脑风暴的方式开展专项探讨，营造相互启发、共同发现、提出和解决问题的良好氛围。

5. 加强提问总结和激励。鼓励学生在学习过程中拥有一双慧眼、一颗慧脑和一张慧嘴，经常性开展“谁看得深、谁想得明、谁说得准”的评比，帮助学生发现自己在“提问能力”上的优点和不足，并在此基础上不断改进。

总之，“提问”是人类最基本也是最有价值的行为之一，勤于提问（找到）、善于提问（悟到）、勇于提问（做到）是适应未来社会发展、建设创新型国家的素养基石，我们教育人要一以贯之地在教育过程进行推动。

如何在课堂教学中实施创新型人才培养

当前高中课堂教学在时间和空间上普遍存在着因“高考应试”而带来教师过度主宰、过度引导、过度包办、过度高压的问题。这些“过度”教学方式无论是在培养创造性思维，还是在塑造创造性人格方面，都使学生丧失了独立运用自己的知识和情感进行积极探究和构建新认知体系的机会，也就是使学生输在了“创新”的起点。

课堂教学中如何搭建创新型的学习环境和方式，促进学生在学习中拓展创造性思维，磨炼创造性人格，笔者在自身课堂教学实践的基础上提出以下三种举措。

1. 创设基于学生认知起点和兴趣层次的学习情境

学习情境中“情”的创设就是要设法调动学生健康的情感和积极的个性意识，“境”的创设就是要建立新颖、独特且有意义的活动基础。概括起来，就是将教学内容蕴涵在具体的、真实的和富于情感的学习环境中。这样优化学习情境可以有力激发学生的学习动机和学习兴趣，使学生在原有的知识结构中去自我扩展新的认知，培养学生在真实的情景中解决实际问题的能力。

学习情境素材的选择要基于学生的认知起点和兴趣层次，不同年级、不同班型学生的认知起点和兴趣层次是有区别的，低年级学生的知识储备和兴趣层次比高年级学生要浅显。因此，在创设学习情境时应该“因时而变、因人而变”，学习情境的呈现方式和角度也要针对学生实际，这样才能最大限度地发挥情境教学对增强学生创新思维和创新品格的作用。

2. 开展以创新型问题为核心的教与学双边活动

教师的“教”和学生的“学”应该起源于“问题”、跟踪于“问题”、深化于“问题”，没有“问题”的教学是毫无生气的。教师的问题设计应该着眼于学生的认知起点和思维起点，由浅入深。要以必要的回忆性问题、说明性问题为铺垫，并在此基础上逐步设计统摄性问题、发散性问题、逆向质疑性问题，最终推进到创新型问题，让创新型问题讨论成为课堂的核心。

问题层次的逐级提升有利于满足不同层次学生学习的需求，推动学生的思维向更深层次、广维度发展。学生在具有挑战性的问题分析和解答过程中可以形成符合学科特点的逻辑思维习惯和求异思维习惯，激发思维和想象的灵感，练就坚强的意志和刚毅的性格。以创新型问题为核心的教学活动应该成为激发学生更具想象力、更具创造性的主流教学方式。

在这样层层递进、层层深入的以“问题”为核心的教学过程中，学生不仅获得了对于知识的理解，更重要的是进行了发散性思维和辐合思维的训练，在问题的解决过程中磨炼了创造性人格。

3. 组织灵活多样的小型探究性学习活动

课堂上的探究性学习活动与其他的教学形式相比具有独特的价值和意义，这种教学形式对于转变学生的学习方式，培养学生的科学素养和创新型素质具有深远影响。特别值得提倡的是，探究性学习活动强调学生学习的自主性，使学生有充分的自由来形成自己的理解，而不必拘泥于教师的唯一答案，从而为创新型思维的培养提供了可能。

课堂时长比较短，不可能设计比较复杂的探究性问题，因此课堂上设计的探究活动要力求小型。这就要求在选择探究素材、探究角度、探究手段和探究设备时一定要实事求是，切实关注学生的探究愿望、探究能力，设计的探究活动不能跨度太大。同时教师要善于把探究教学的预设和课堂生成的探究情境有机整合，形成小型多样、顺理成章的课堂探究性活动。教师在课堂探究学习活动过程中要积极参与到学生活动中并及时给予指导和评价，要突出关注探究过程中问题的必要性、假设的全面性、数据的精确性、方案的合理性、实验的科学性、解释的严密性，让课堂中的探究真正成为引领创新思维和创新品质的有效培养途径。

教师如何提高语言表达能力

近段时间，无论参加教师专项招聘还是指导学生学习，我都深深感受到一个人的语言表达能力真的是太重要了。那么何谓语言表达能力强呢？或者说语言表达能力强体现在哪些方面呢？

我想应该从下面八个方面来考量。一是词汇量丰富，语言表达能力强的人通常拥有丰富的词汇量，能够准确生动地表达自己的思想和情感；二是语法准确，能够正确使用语法规则，一般不会出现语法错误，语言表达清晰、流畅；三是逻辑思维清晰，有条理地组织语言，使听者或读者能够理解其观点论述；四是表达方式多样，能够根据不同的场合和对象，灵活运用各种表达方式，如比喻、象征、讽刺等；五是情感表达到位，能够充分表达自己的情感，使听者或读者能够感受到其情感的深度和真实性；六是有效的沟通，能够有效地与他人沟通，使信息传递准确无误；七是说服力强，语言具有强大的说服力，能够影响他人的观点和行为；八是应变能力强，能够在面对突发情况时迅速、准确地表达自己的观点和立场。

要想达到一定程度的语言表达，是需要加强系统性的专项训练。

1. 阅读。阅读可以帮助扩大词汇量，了解不同的表达方式，提高语言组织能力，要阅读各种类型的书籍，如小说、散文、诗歌、新闻报道等。

2. 写作。写作是提高语言表达能力的有效方法，可以尝试写日记、写文章、写读书笔记等，通过写作来训练自己的语言组织能力和表达能力。

3. 参加讨论和演讲。参加讨论和演讲可以在实践中提高语言表达能力，参加各种辩论赛、演讲比赛，或者和朋友、家人进行日常的讨论。

4. 学习语言学知识。系统学习掌握语言的结构、语法、修辞等知识，这是基本功，可以帮助更好地理解和使用语言。

5. 模仿优秀的语言表达。可以通过看电影、听音乐、阅读优秀的文章等方式，学习和模仿优秀的语言表达。

6. 反馈和修正。向他人寻求反馈，了解自己语言表达的优点和不足，然后进行修正和改进。

7. 坚持练习。语言表达能力的提高需要时间和持续的练习，要以充分的耐心和毅力来完成练习。

总之，一个人有了优秀的语言表达能力，犹如穿了一件非常漂亮的外衣而光彩夺目。无论是在口头还是在书面上都会给人留下非常深刻的印象，助力自己在各个领域取得成功。

如何培养学生深度思考的习惯

现在特别强调学生要具有深度思考的能力。那么什么是深度思考呢？深度思考是指对问题、事物或观点进行深入理解和探索。这种思考方式需要超越简单的判断和直觉，去寻找更深层次的原因、影响和逻辑。

与深度思考相反的是浅层思考，又称为表面层次的思考，是指在面对问题或情况时，往往只是被动接收外界信息，并不进行深度处理和理解。在大多数情况下，我们只会用已有的认知和习惯思维去观察世界、处理事情，并常常陷入先入为主的观念中。例如，在解决高中数学中的函数问题时，学生往往会直接套用已经熟悉的解题套路，而不去深入理解和探索其背后的数学原理。这种思考方式虽然可以减少大脑的工作量，但在一定程度上也阻碍了对问题的深入理解和掌握。

值得注意的是，浅层思考并非完全消极，在某些情况下，快速的、表面的、随机性的思考也能帮助我们得到一些平时难以触及的深度内容。然而，如果想要提升思考能力，就需要努力突破浅层次思考的限制，培养深度思考的习惯。

培养学生深度思考的方法有很多，教师可以从以下举措去尝试。

1. 提出开放性、拓展性问题。教师可以不断提出开放性问题，引导学生进行深入思考、讨论和拓展，这些问题通常没有标准答案，需要学生自己思考和探索。

2. 鼓励学生提出自己的观点。教师应该鼓励学生提出自己的观点，并给予充分的支持和鼓励，这样可以激发学生的创造力和思维能力。

3. 提供多样化的学习资源。教师可以提供多样化的学习资源，如书籍、文章、视频等，让学生从不同的角度了解问题，扩展学生认知层面从而引发深层思考。

4. 组织小组进行专题讨论。教师可以设置小组专题讨论，让学生分享、交流各自的想法和观点，并听取其他同学的意见，这样可以促进学生之间思想的交流和碰撞。

5. 培养学生的批判性思维能力。教师可以通过让学生分析、评估、推理、辩论和反思等方式来培养学生的批判性思维能力。

培养学生深度思考习惯是一个长期的过程，需要家长和教师的共同努力，特别值得指出的是要关注一个我们成年人都非常容易忽视的行为，即要耐心倾听。当学生表达自己的观点时，教师需要耐心倾听，这可以增强学生们的自信心，鼓励他们继续深入思考。任何武断、轻视、否定学生积极表达的举动都会让学生走向反面。

课堂上要设置引向深度思考的问题

课堂上教师提问是一个再平常不过的问题了，但是问题的设置可是一门大学问，抛出的问题能否有价值非常值得研究。有的老师备课时只顾着把知识体系、重难点搞通透，却往往不能将这节课到底要如何给学生设置有价值的问题想明白，很多老师的课听起来感觉是非常随意的。

我认为要设置引向深度思考的问题才是有价值的，反观有些老师在课堂上设置的很多都是浅层思考的问题，通常是只需要记忆、再现、简单理解或者套用现成模版，不需要深入分析或者批判性思考的问题。

能够引向深度思考的问题一般有以下特点：

1. 开放性。开放性问题没有标准答案，这样可以引导学生进行深入的思考和讨论。例如，“你认为这个问题的最佳解决方案是什么?”“你认为这个问题的影响因素有哪些?”等。

2. 多角度。可以从不同的角度去思考，例如“如果你是决策者，你会怎么做?”“如果你是决策的受影响者，你希望结果是什么?”，从正反两个角度引向深度的思维碰撞。

3. 批判性。对某个观点或假设进行批判性的思考，例如，“你认为这个观点的依据是什么? 有没有其他解释?”。

4. 应用性。要求学生将所学知识应用到实际情境中，例如，“如果你是化学家侯德榜，你会如何设计生产纯碱?”“如果你是一个企业家，你会如何运营你的公司?”等。

5. 探索性。鼓励学生探索未知的领域，例如，“你认为未来科技会如何影响我们的生活?”“你认为人类应该如何解决气候变化的问题?”等。

因此，课堂上要尽可能避免浅层思考，教师在课前的备课必须是非常充分的，不能在课堂上随心所欲地、冷不丁地提问，一般要做好认真的准备工作，这是需要高度的教育责任感和专业精神的。

教师要针对本节课的教学目标和重难点，对每一个教学双边活动环节进行深入的设计，创设真实的情境让学生在解决问题的过程中进行深度思考，设置具有深度思考价值的问题，鼓励学生在课堂上进行批判性思考，让学生尝试分析一个问题的多个方面，或者比较不同的解决方案，同时教师要提供及时的反馈，帮助他们建立正确的思考框架，避免他们陷入思维的误区。

教师必须具备课标意识

近日，武汉市教科院专家来我校指导新课程改革和高考备考工作，特别强调教师要高度重视教育部发布的新课标，增强课标意识，确保教育教学与教育部门制定的官方标准保持一致，同时也有助于培养学生的核心素养。其实，在一线教学中，教师普遍不太重视课标的情况，往往缺乏对课标的研究和执行。那么为什么说教师必须要具备课标意识呢?

课标，即课程标准，是国家对基础教育课程的基本规范和质量要求。课标是教育部门制定的指导性文件，规定了某一学科的课程性质、课程目标、内容目标以及实施建议，是指导教师进行教学设计和实施的重要依据。发布课标的主要目的是确保教育质量和统一性。课标不仅是教师教学的指南，也是学生学习的路线图，更是教育质量的守护者。

遵循课标可以确保教育活动的有效性和科学性，帮助教师明确教学的目标、方向、内容，以及期望学生达到的学习水平，帮助学生在知识、能力和素养上得到全面发展。教师能够根据课标来设计教学活动，可以更有效地提升教学质量。

随着教育改革的不断深入，课标也在不断更新，教师需要及时了解和掌握新的课标要求，以适应教育的最新发展。尤其是新课标提出了包括语言运用、思维能力、审美能力和文化自信等在内的核心素养培养要求，教师通过学习和实践课标，可以提高自己的专业素养，不断更新教育理念，适应新时代教育的新变化。

具备课标意识的教师能够更好地理解学生的需求。因为课标反映了社会对学生知识和能力的要求，教师按照课标教学，有助于培养出符合社会需求的人才，更适切地根据学生的实际情况调整教学方法。实现个性化教学，帮助学生形成自主学习能力，为终身学习奠定基础，这对于学生未来的个人发展和适应快速变化的社会具有重要意义。

课标中包含了对国家文化和价值观的教育，这有助于教师深入理解如何加强学生的国家认同感和文化自信，从而在教学中融入对中外文化的理解或认同，帮助学生形成跨文化的认知和正确的行为取向，更好地与国际教育接轨。

具备课标意识的教师更容易与其他教师交流和分享教学经验，形成有效的教学资源共享机制，还可以根据课标来设计合理的评价体系，更加全面和客观地评价学生的学习成果，促进学生全面发展，满足现代社会对人才的多元需求。

引向深度思考的课后学习任务设计初探

当前，每个学生都有配套的教辅资料作为课后作业。这些教辅资料的质量良莠不齐，有的是编写资料的人在非常短暂的时间内基于各种商业考虑，无法深入研究课后训练资料的科学性和有效性，基本上是历年来各地的调考周测、模拟试卷和高考试题的堆砌。作为平时课后循序渐进的深度思考训练是不够严谨的，也是达不到必备知识强化和关键能力提升要求的，甚至是把高考试题非常好的价值给埋没了。

以引向深度思考为目标的课后学习任务的设计需要非常科学的理念来支撑，绝不是顺着手上的教辅资料往后面做那么简单的事情。一定是教师经过慎重的研究之后做出的部署，课后学习任务的设计要围绕阅读、思维和表达这三大能力，来将学生引向深度思考这一核心目标。结合高中的应试备考实际，我建议教师从以下方面着手：

1. 给学生提供能够拓展课内学习内容的纸质资料(或者指定的经典书籍)，让学生在规定的时间内进行阅读。将课堂所学内容和课后的拓展阅读相结合，整理归纳出相应章节内容的知识图谱，在阅读新信息的过程中不仅让学生锻炼了阅读的能力。还能把学生的课内知识引向更加宽广、更加多元的课后延展，为学生走向深度思考提供了基于课本的新素材。

2. 结合课内学习内容设计课后开放性(或者项目式)的学习任务，这是引导学生进行深度思考非常好的方法。这种学习任务通常没有标准答案，需要学生将他们在课堂上学到的知识应用到实际情境中，并运用批判性思维和创新性思维来完成。例如可以结合学科章节内容让学生写一篇关于如何看待全球变暖的短文，或者设计一个治理雾霾天气的可行方案。

3. 积极组织学生参加课题研学。我们学校每年都要联系中科院各院所为学生提供课题研学机会，让学生跟随导师的课题进行独立的研究学习，帮助他们深入探索真实的科学主题。在具体的资料搜索、背景学习、实验操作、结论分析、成果分享中形成深度思考的习惯和能力。

4. 课后开展讨论、辩论、反思和自我评估。例如，组织关于某个有争议的话题的讨论或辩论，让学生表达他们的观点并听取他人的观点，发展学生的批判性思维和说服技巧，每个阶段让学生反思学习过程和考试结果，分析自己的强项、弱点以及如何改进，让学生在深度思考的基础上对学业和学科有深刻的认知。

帮助学生克服粗心大意的毛病

课间和几位高三学生座谈，我问他们最近学习中最令他们苦恼的问题是什么？他们都不约而同地说，因为考试经常粗心大意而考不出高分。看来粗心大意是他们比较困惑的，我接着反问他们，能否再深入地想想在考试中导致粗心大意的原因呢？学生们七嘴八舌地谈开了，我概括一下，主要有以下几个原因：

1. 注意力不集中。在学习或做作业时注意力不集中就很容易出现粗心大意的情况，这往往是因为他们被其他事情分心，或者他们对当前的学习不上心。

2. 缺乏细心的习惯。有些学生大大咧咧，从小就没有养成细心的习惯，什么事都比较随意，导致每一步运算、书写容易犯自己都认为低级的错误。

3. 学习压力过大。部分学生压力过大也导致粗心大意，来自家庭或者同学之间竞争的压力过大时，他们会因为焦虑和紧张不淡定而导致看错或者写错。

4. 持续的学习疲劳。长时间的学习会使人感到疲劳，从生理角度来讲，疲劳确实会影响人的注意力和判断力，从而导致粗心大意。

5. 缺乏自我检查的习惯。有些学生在完成作业或考试后，没有养成自我检查的习惯，尤其是不进行反思，因此很容易忽视自己的错误。

6. 对任务的重视程度不够。平时有些学生可能对某些作业的重要性认识不足，在做作业时就会粗枝大叶，考试时必然会延续这样的习惯。

根据上述分析的原因，我给出以下六条建议：

其一，制订合理的学习计划，增加时间管理，把平时作业等同于考试，避免考试时因为紧张而出现粗心大意的情况。

其二，培育宁静致远的心态，提高自己的注意力，可以通过听音乐冥想、限时专注思考等方法训练自己，稳定情绪、心态，减少粗心大意。

其三，磨炼专注细心的习惯，无论做什么事情都要重视并保持专注，克服掉以轻心、随心所欲的毛病，在大框架下注意细节优化。

其四，积极化解学习压力，淡化对结果及其影响的预测，不断完善自己的学习方式和方法，将外在的压力转化为循序渐进的动力。

其五，保持自我检查、反思的习惯，在完成作业或考试后要认真进行复盘，通过自我检查和反思来发现错误、优化答题。

其六，培养自己的责任感和使命感，这是最根本的。要重视学习任务的重要性，没有责任就会随意，有了责任就会走稳每一步，从而降低粗心大意的可能性。

03

教学方法之我见

初高衔接有策略

开学后上的四节高一化学课，其内容是几个重要的基础理论，包括物质分类、胶体、离子反应、氧化还原等，对于初三刚进高一的学生来说确实都是非常难的，很容易让学生畏惧化学。新教材实施的这几年总是听到高一学生在抱怨化学，我一直在想，如何才能让学生认为化学不难呢？究竟可以采取哪些策略呢？我边实践、边思考、边反思，认为可以从以下三个方面在课堂上去做好初高衔接。

一、遵循化学理论逻辑顺序，凸显形成过程

高一学生刚开始连续学习几个基础理论，会感受到知识点太多，而且有些理论没有元素化合物知识的印证，觉得很枯燥，从而产生畏难情绪。我认为抓住化学基础理论形成的基本逻辑是最核心的要领，即一定要引导学生经历由未知到已知、由感性到理性、由特殊到一般、由具体到抽象、由现象到本质的认知过程。在教学中抓住基础理论的核心特征，充分运用逻辑推理，创设归纳基本理论的过程，尽可能通过大量实例、采用归纳法得到一般规律性结论，少用或者恰当采用演绎法带领学生进行推理判断，让学生逐步深化对基础理论的形成过程本质的认识。这样才能搭好化学理论学习的阶梯，学生才不会感觉到突兀或者难以理解。

二、运用直观手段突破难点，浓厚学习兴趣

将化学基本理论具体化、形象化、直观化，把化学实验作为理论教学的前奏和起点是克服难点的最有效办法。能够演示的实验要尽可能演示，能够把微观世界的变化通过宏观方式展示的要想尽办法转化。课堂上多采用图

像、表格、多媒体课件、录像视频等直观手段进行教学，完成由感性认识向理性认识的飞跃。启发学生的思维，促进学生基础理论的深度理解。例如，我在进行"胶体"教学时，对胶体的结构、性质、制备和应用等多个非常难以理解或者很难接触到的知识点进行了大量的图片、视频、模型展示等直观教学，学生参与学习的兴趣浓厚。在一节课的时间内突破了多个难点，学生们学习感受到非常轻松，从作业反馈来看大多数理论要点都掌握得非常准确。

三、精心设计问题探究情境，发展核心素养

设计问题探究情境，无论是对信息加工的训练、问题意识的培育，还是对思维能力的锻炼，无疑都是非常有价值的。对于结构性、逻辑性、抽象性很强的化学基础理论教学，一定要给学生提供足够有价值的信息素材(如文字表格图像、生活实验现象、教学生产应用视频等)，组织学生进行充分的阅读与观察，然后逐层递进地引导他们圈定老师精心设计的问题领域。由学生和老师共同提出一系列指向理论核心的关键问题，形成理论构建的逻辑闭环，这样的问题探究情境对学生深度学习化学基础理论是行之有效的。正是这种看似在情境中点对点的问题探讨，其实暗含着化学基础理论形成的底层逻辑线条，有利于学生理论知识的扎实建构，同时令学生获取、筛选、加工和使用信息的能力和发现、分析、探究、解决问题的能力都得到非常好的提升。

从班上进行一周的教学总结和答疑来看，以上三个策略的效果非常好。

传统教学模式之我见

近一周来我连续听了十多节老师的课，其教学模式基本上都属于传统型。我做一个大致分析后发现，绝大多数老师(包括我自已在内)即使在各级课堂教学比赛中展示出探究式、小组合作式、项目式等各种新型教学模式，但是在日常教学中都还是一直沿用非常驾轻就熟也很放心的传统教学模式。我总在想，为什么传统教学模式有这么强大的生命力呢?

传统教学模式一般是使用传统的教学手段、完成特定教学内容的一种课堂教学形式。其特点是教师口授、板书，学生耳听、笔记，教师能根据学生及时反馈的信息，了解学生对所学知识的理解程度，并据此调整教学策略以达到预期的教学目的。在传统教学模式中，教师是教学活动的中心、教学活

动的主体和知识的传授者，学生是知识的接受者，媒体是教的工具，教材是教的内容，教师的教学水平、教学技巧和教学艺术决定着学生的学习效果。课堂作为教学的主要环境总体上是提供给教师表演的舞台，这种课堂教学模式长期以来也一直是我国学校教学的主流模式。

从教师的角度来看，首先，教师基本上都是在传统教学模式熏陶中成长的，在长期的教学实践中已经熟悉了自己所教授的知识和教学方法，凭着一支粉笔或者整理好的 PPT 课件就可以轻松地上完自己的课。其次，教师的主体作用存在着个体差异，这种个体差异会形成事业心、责任心及教学效果的不同，而教师自身的道德修养、学识品位、兴趣爱好、思维方式、人格魅力等会对学生的成长起着重要的作用。最后，教师因受到高考应试的影响，会根据教材的处理系统地完成课程标准和教科书所规定的教学内容，并围绕高考考点对相关知识进行强化训练，以至许多教师习惯于以书本为中心，“填鸭式”地传授知识和解题方法。

从学生的角度来看，首先，学生通过传统的老师讲授去被动接受知识，不断重复着知识积累和方法训练。这样大多数学生逐渐养成一种不爱问、不想问“为什么”，也不知道要问“为什么”的习惯，其思维发展受到束缚，学习主动性容易丧失，长此以往难以体会到学习的快乐。其次，学生的学习方式基本上是预习—听讲—练习—复习，这种被动接受、死记硬背、机械训练的学法，逐渐成为书本与习题的奴隶，缺少想象能力和创新精神，难以升华所学认知，个性得不到张扬。最后，许多学生把自己的视野局限于学校和教科书，对世界的发展、社会的变革都缺乏必要的了解和深度的思考，把在考试中获得高分作为己任，忽视对综合素质的自我培育，最终导致高分低能。

从以上分析来看，尽管传统教学模式以教师为中心，学生处于被动接受地位，缺乏学习互动性和创新性，个性化教育不充分，不利于培养学生的创新能力和实践能力，但是在当前教育内卷的背景下依然有合理的地方：有利于教师主导作用的发挥，有利于教学的组织管理和教学过程的调控，对教学环境的要求比较低，教学效率比较高，容易出成绩来实现学生、家长和社会的升学期望，更重要的是在课堂教学中师生之间的人际交流对学生成长所起的作用是不可替代的。

存在即合理，我们也只能不断去优化传统教学模式，适当融合新型教学方法。毕竟丢掉今天、空想明天，肯定是所有利益相关者都不愿看到的，也是脱离现实的。

课堂教学使用 PPT 存在的问题及其应对

今天听了两节“三新”比赛课，两节课下来最让我眼花缭乱、影响我持续稳定思考的是庞杂的 PPT 展示。老师手点着 PPT 飞快地讲授，PPT 配合着老师闪亮播放，课堂就像电影院，没有了学生在老师循循善诱的指导下走进真正意义的学习和思考，我想学生可能也会是这样的感受。

应该说课堂教学使用 PPT 可以更直观地展示知识点、表格和图片等，有助于提高学生的学习兴趣和理解能力，然而过度依靠 PPT 的副作用是相当大的。从今天的两节课来看，我认为 PPT 有三大弊端：

一是分散注意力。教师把整节课的内容不分主次地全部展现在 PPT 之中，想法是尽可能体现出完整的教学内容和流程，同时在其中添加了相当多看似吸引眼球实则分散注意力的小图案、动画、夸张文字符等。一节课从头拉到尾，什么都讲、都展示了，但是什么都印象不深，学生会因为庞杂的 PPT 内容而分心，导致学习效果不佳。

二是缺乏互动性。教师在一个完整的 PPT 面前变成了“司机”，不停地用翻页笔与 PPT 互动，不断受到 PPT 内容的制约而无法集中关注学生在课堂上的表现，不能很好地与课堂中真正的“主体”互动，好像喧宾夺主地服务了 PPT 而没有百分百的精力关注学生。

三是限制了思维。教师在制作 PPT 时由于比较强调知识的逻辑性，导致知识的罗列、信息的堆砌、习题的展示过多。学生在课堂上可以说是应接不暇地跟着 PPT 被满堂灌，学生思考的时间和空间都受到限制，课堂学习变成了依赖 PPT 来获取知识，忽略了独立的思考和探索。

因此，PPT 作为智慧课堂虽然是不可或缺的辅助手段，在基于核心素养的课堂教学中具有一定的优势，但过度依赖带来负面影响也不容小觑。教学有法但无定法，教师应该根据教学内容和学生的需求，灵活运用各种教学方法，把 PPT 最有价值的功能发挥好，以达到最佳的教学效果。建议从以下两个方面去重点思考调整：

其一，围绕主干与核心来精简内容，突出显示关键信息。不必强求 PPT 内容的全面，突出关键词、重要数据等，帮助学生快速抓住重点，设计简洁的布局，选择清晰易读的字体和颜色，保持幻灯片的整洁，避免使用复杂的背景和动画，以免干扰学生的注意力。确保每节 40 分钟课的 PPT 总页数不超过 12 页，避免在一张幻灯片上堆砌过多的文字和图表，把学生的思考讨论的时间和空间留出来，师生共同专注于探究知识、发展思维。

其二，始终把促进师生互动和学生思维开发作为运用PPT的重要依据。将PPT作为一个学习进程的牵引或者探究信息的载体来配合教学，增加图片、视频等多媒体资源来弥补完善教科书的不足。但真正的重点是让老师更便捷地以PPT为手段吸引和鼓励学生提问和探究。教师的提问、重点内容的板书、知识体系的归纳等互动性非常好的方式还是应该通过口授一步一步来执行。最好不要用PPT一下子展示出来，这样可以极大地提高学生的参与度，让学生的思维真正地“自转”起来，学习会更加主动。

老师们应该清醒地意识到：慎用PPT既是解放自己，更是解放学生。网上成套的PPT更是不能以拿来主义去直接上手使用，那是制约自身教学特色的最大障碍。

真正的课堂应该是教会学生“学”

最近硚口区教育局“三新”课堂教学比武校级选拔活动已经进行了二十多节的比赛。作为评委，我再次深入思考“真正的课堂应该是教会学生学”这个非常熟悉的话题，也就是授人以渔的问题。那么到底什么是“渔”呢？其实“渔”就是学科学习方法，即在课堂教学中要把学科学习方法渗透在具体的学科知识与活动载体中，带领学生进行长期系统的训练。

判断学生是否掌握了学科学习方法的依据有如下逐层递进的四个方面：

其一，学生能够理解所学内容，清晰地表达自己的观点并回答老师的问题，这说明他们学会了顺应学科发展逻辑去掌控知识。

其二，学生能够把所学知识应用到实际问题中并独立思考和解决问题，这说明他们已经掌握了运用学科知识的方法和技能。

其三，学生积极参与讨论、提出新问题或者分享自己的独到见解，评价和创新的激情很高，这说明他们已经达到高阶思维并领悟了学科思想。

其四，学生成绩有了明显提高或在某个方面有了明显进步，能准确识别自己的弱点并制订改进计划，这说明他们已经具备自主学习和反思能力。

如何才能做到教会学生“学”呢？可以从以下五个方面去引导学生达成“会学”。

其一，创建积极的学习氛围。教师要努力创设一个融洽、积极和鼓励的学习环境，让学生很有自信地参与到学习中来。在教学进程中要多表扬学生的优点、尊重学生的意见、鼓励学生大胆尝试，对学生在学习过程中的暂时困难和不足给予充分的理解。

其二，拟定清晰的学习目标。教师应该在课堂开始前明确学生的学习目标，让学生知道他们需要学什么、为什么学，以及如何评估自己的学习成果。这样可以帮助学生更好地理解和掌握所学内容，更加主动地顺着老师指引的学习道路去探索新知。

其三，采用多样的教学方法。不同的学生有不同的学习方式和习惯，教师可以采用讲授、讨论、实验、案例分析等多种教学方法，以满足不同层次学生的学习方式需求，让每一位学生在不同的方式中去感受学习效果，促成他们找到最适合的学习方式。

其四，激发学生的学习兴趣。兴趣是最好的老师，有了兴趣就有想学的冲动，因此，教师要尽可能地让学生对所学的内容产生兴趣，通过引入有趣的例子、讲述生动的故事或展示引人入胜的视频等方式来激发学生主动学习的兴趣。

其五，提供适切的学情评估。教师在课堂上要及时提供适切的学情反馈，可以通过课堂上的自我评价、同伴评价和教师评价，也可以通过作业、测试、比赛等方式进行评估，让学生能够了解自己的学习方法是否有效果，同时借鉴他人的学习方法。

总之，教师在课堂上不能仅仅只是把解决学科问题的“知识、技巧、规律、思想”等这些“鱼”教给学生，那是远远不够的；真正的课堂应该是教会学生“知识如何获取、技巧怎么得来、规律如何寻找、思想如何运用”等这些“渔”。这些“渔”才是能够沉淀下来，伴随学生一生最有用的素养。

如何破解死记硬背、机械刷题之难题

近年来，高考命题在不断调整方向：坚持立德树人，加强对学生德智体美劳全面发展的考查和引导；优化情境设计，增强试题的开放性和灵活性，强调思维过程和思维方式，鼓励学生多角度主动思考、深入探究，发现新问题、找到新规律；充分发挥高考命题积极的育人功能和导向作用，减少死记硬背和机械刷题现象。这无疑是减轻过重学业负担的有效举措，但同时也是对高中教与学方式的变革提出了更高要求，需要老师和学生尽快深入探索与科学应对，否则无法适应新高考的核心素养要求。

机械刷题是指盲目地、重复性地、缺乏针对性和深入思考地进行习题练习，属于最笨拙的“题海战术”。刷题是扩展视野、增加经验、巩固所学的重要手段，但是采取机械的方式去刷题，那么就是百害无一益，既浪费时间又浪费精力。这种学习方式背后存在着双层逻辑：一是期待在考试中能够遇到相同或相似题目；二是通过大量重复练习以达到熟能生巧的目的，但是现在高考命题通过查重和变换问题情境与设问角度完全抵消了机械刷题的效果。

死记硬背是指不去深刻理解而采取将内容反复抄写背诵、将题型模式化固化并死记硬背答题模板和结论，以获得高分。行为主义学习理论认为学习是学习者在外界环境的刺激下逐渐形成的对刺激的反应过程，即对经验的获得和确认，没有反复刺激记忆就不可能将基础的知识和方法建构起来。所以必要的记忆背诵是可以的，但是不能“记死”，更不能“硬来”，生吞活剥、生搬硬套解决不了高考试题展现的问题。

过去一段时间抑或是在现在高中起始阶段的学习测试中，常态化的周练、月考，甚至是调考由于平时命题没有可能进行大量的创新。导致很多学生和老师尝到了机械刷题和死记硬背的一点甜头，见过面的、练过多次的试题可以立竿见影去得分。可是等到真正高考时全部打回原形，然后大呼平时白做那么多题、高三复习做了无用功等。那么如何去破解死记硬背和机械刷题呢？

1. 师生都要学习教育部命题中心关于新高考核心素养导向的命题新动向，深入研究近年来稳中求进的高考真题带给我们教与学的反思和启示，亲身体会高考试题考查的形式、角度、重点有哪些新的变化，把自己教与学的方式和效果摆进去，反复衡量和评估是否科学有效，教师和学生要统一思想，及时调整教与学的策略。

2. 突出“理解”这个学习过程是否落实到位，这是基础也是起点。师生都要高度重视知识、方法、规律的来龙去脉，通过师生在知识与实际生活联系的情境平台，运用归纳法来探索知识是怎样得来的、方法是怎样产生的、规律是怎样形成，并在此过程中不断梳理、建构新旧知识点的联系，总结、调整自己的思考方式和方法，在理解的基础上强化对知识、方法和规律的记忆。

3. 强化教与学过程中多角度、多层次思维训练，教师和学生要从不同的角度、不同的层级去学习、应用同一个知识点。在课堂教学中教师既要善于帮助学生将知识系统化和知识关联结构化，还要引导学生多进行差异判断、比较辨析、评价改进等活动，充分调动学生发挥想象力和创造力，形成独特的思维方式和方法，以万变的思维训练来适应高考新考向。

4. 科学引领学生对必备知识的记忆落实和关键能力的刷题提升。肚子里没有货、脑子里一片空白就是“巧妇难为无米之炊”。课程标准中要求的必备知识一定要在理解的基础上不断对抗遗忘进行强化记忆，学科关键能力诸如信息获取与加工、逻辑推理与论证、科学探究与思维建模、评判性思维和创新思维、语言组织与表达等都要在刷题实战中去提升，但是要经常性地把控好对有效性记忆和针对性刷题的评估，“记”和“刷”的前后都要以“思”为核心，这样才能应对高考的“活”。

总之，师生如果在新高考背景下不充分用好自己的“脑”，只是怠惰研究、随意应付、机械重复、拼命蛮干，那么就会在题海中事倍功半。

学以致用的课堂教学设计浅谈

今天是我开学以来第一次月考试卷评讲课，静心梳理学生试卷反馈，不仅在检视学生还有哪些知识和方法没有理解准确和透彻，更主要的也是反思自己在过往教学中存在哪些问题。

从整体上看，试题对于高一学生来说具有知识应用综合性、能力考查超前性的特点。很多考点是刚刚学完但还不能熟练掌握和敏捷反应的基础知识，加上高一学生还远未摆脱初中死记硬背、思维机械的学习方式，所以学生们普遍感觉做题速度上不去，没有更多时间深入思考，没有反映出自己的实力。反观自己的教学，我认为在日常课堂教学中对引导学生“学以致用”的素质培养还不够大胆和充分。

对于“学以致用”的看法，苏格拉底认为，知识不是他传授给学生的，他所做的无非就是把学生心中的真知唤醒并挖掘出来。杜威认为，要重视知识的学以致用，学习不能和实践割裂开来，如果学生只是一味地死记硬背，那么他们就永远不会真正理解这些知识。陶行知认为，学习要有明确的目的，要在实践探索中去形成概念和规律。

过去一个月我的课堂教学大量使用的还是讲授法，有时为了拉进度，还是比较简单粗暴地强行灌入知识和方法。做中学、探中究的方式还是少了，主观上还是没有深入思考并实行在重点章节知识点的课堂学习中将学生真正引向“学以致用”的教学方式。其实要让学生真正探索知识和规律的来龙去脉，形成“学以致用”的习惯和素养，教师是可以采用以下教学方式的。

例如，项目式学习。将所学知识设计为具有实际意义的项目式主题任务。首先，给学生提供丰富的实践情境素材进行阅读，培养学生敏锐捕获有效信息、归纳整理信息逻辑线索。其次，引领学生发现提炼概念和规律、比较辨析新旧认知异同。最后，组织学生完成项目中精炼出来的知识图谱，从整体层面总结出学科思想方法，这样可以让学生在完成项目的过程中学习到新知，同步也体验了新知在实践中的价值和应用，将提高学生的综合素质和实践能力很好地融入了整个项目式学习之中。

再如，案例分析法。针对章节重点难点知识，提出具有分析探究和实际应用价值的问题，设计成既可以承载基础知识又可以延伸拓展规律的案例。在充分的独立思考基础上组织学生进行小组讨论和交流，对可以转化为实验的就让学生亲自动手操作，以课堂论文答辩的形式将案例分析与探讨引向深入，形成有效合理的认知共识，以学生重新自主设计类似案例来进行检测和评估，帮助学生进一步理解知识和方法在实际中的应用，推动学生更加主动地建构学科核心方法。

总之，无论采取什么样的教学方式，要牢牢把握“学—致—用”三个关键点。

把学生的“学”作为教学设计的出发点，关注学生的学习需求和兴趣，与学生保持良好的互动关系，鼓励学生提问、发表观点和分享经验。对学生的实践活动和项目成果进行及时的反馈和评价，激发学生继续学习和实践的动力。

把学生的“致”的过程要作为重中之重来设计，在过程中关注的是教会学生如何自主学习，培养学生科学的学习习惯和持久的学习动力，使学生能够将这种方法和品质延续在课堂之外继续实践和发展。

把学生的“用”作为教学设计的终极落脚点，激活类比、联想、辨析、迁移、评价等高阶思维。将发现问题、分析问题推向更好地解决问题，训练学生在新情境中的识别与变通能力，培育敢于实践和创造的心理素质，激发学生学以致用的信心。

培养学生情商可以提升教育效果

人们都在说情商很重要，那么教师在教学过程需要情商吗？教师如何通过培养学生情商来提升教育效果呢？

情商是指情绪商数（Emotional Intelligence Quotient，EQ），是一种自我情绪控制能力的指数，主要是指人在情绪、意志、耐受挫折等方面的品质。对于教师来说，情商包括对自己情绪的认知、表达和调控，对学生情绪的觉察和把握，以及对教育事业的执着态度、敬业精神，对教学的高度责任感，对学生的关爱及采取的教育方法等。

教师的情商高低对教学有着重要的影响，教师的高情商能够更好地理解、关心学生，与学生进行高效沟通，并运用情商（情绪智力）帮助学生更好地应对挑战，建立良好的人际关系，提高学习效果。另外，教师的高情商还能够提高自身的心理健康和职业幸福感。作为学校管理者，我们应该高度重视教师情商的培养以及学生情商培养技巧的学习，以促进学生的全面发展和教育质量的提升。

作为老师来说，不仅只是培养学生道德品质、学科素养和健康体魄，还应该同步培养学生的情商，学生的情商培养应该纳入教育的全过程，建议教师在教育过程中从以下角度来培育学生的情商。

1. 培养学生的情绪意识。教育学生识别和理解自己的情绪，以及了解他人的情绪，通过在学科教学中开展角色扮演、专题讨论和主题写作等活动来让学生学会表达和处理情绪。

2. 教会情绪的调节技巧。教会学生在不同情境下调整自己的情绪，例如愤怒、悲伤或焦虑时，通过深呼吸、倒数计时等简单的情绪调节方法，帮助自己保持冷静和理智。

3. 培养学生的同理心。鼓励学生站在他人的角度思考问题，理解他人的感受，在教学设计中让学生参与小组合作、模拟情景剧等活动，充分利用各种德育活动平台培养他们的同理心。

4. 提高学生的沟通技巧。在课堂上多让学生大胆有效地表达自己的想法和感受，同时倾听他人的观点，通过课堂讨论、辩论比赛等形式，使学生在交流实践中提高沟通技巧。

5. 培养学生的问题解决能力。教会学生在面对问题时保持冷静，分析问题并寻求解决方案，在课堂上开展实际案例分析、头脑风暴等活动，让学生学会解决问题的方法。

6. 增强学生的团队协作能力。教导学生在团队中发挥自己的优势，与他人共同完成任务，通过分组合作、项目实践等方式，让学生体验到团队合作的重要性，体验团队合作过程中智慧汇聚的强大力量。

7. 引导学生建立自信心。教师要鼓励学生相信自己的能力，勇敢面对挑战，通过表扬、肯定学生的努力和进步，帮助他们建立自信心，支持并帮助学生参与各类学科探究活动和社会实践。

8. 培养学生的责任感。让学生明白自己的行为和决策会对他人产生影响，培养他们的责任感，通过分配任务、设定目标等方式，让学生学会承担责任，在项目中体验到自己行为的重要性。

9. 教导学生处理冲突。教会学生在面对冲突时保持冷静，寻求和平解决问题的方法，通过冲突模拟、协商谈判等活动，让学生学会处理冲突的技巧，从而更好地适应纷繁复杂的社会交往。

10. 关注心理健康状况。教师要定期关注学生的情绪变化，及时发现潜在的心理问题，并给予适当的帮助和支持，与学校心理辅导老师合作，为学生提供心理支持和辅导。

以上情商的培养对学生身心的全面发展和学业进步可以起到很好的促进作用，对学生未来踏入社会更好地适应事业发展也是非常有益处的。

用智慧教育优化教育的智慧

随着教育信息化的不断发展，“智慧教育”成为教育信息化发展到一定阶段的必然选择。《教育信息化 2.0 行动计划》倡导智慧教育要紧紧围绕着“学习环境的技术性、学习者的个性化、教育目标的创造性”三大要素，充分运用现代信息技术，对教育过程中的各种信息与情境进行感知、识别、分析、处理，以提供快速反馈、决策支持、路径指引和资源配送，更加智慧地优化教育的智慧。

在当前教育数字化转型的初级阶段，我们可以突出管理环节痛点与核心素养培育两个大方向，抓住重点、集中力量构建智慧教育体系。

面向痛点环节的智慧管理包括校务管理、德育常规、课程建设、教学评一体化机制、后勤服务五个方面，由点及面地开展基于数字化应用的育人方式变革，在精准数据分析的基础上构建科学决策、运行与评价的智慧管理新生态。

1. 校务管理采用钉盘存储，从点到面逐步展开诸如校园公告、会务签到、考勤管理、请假申报、民呼我应、视频会议、钉钉电话等场景应用，高效率实现校内校外、上上下下的沟通交流。

2. 教育常规在学校、年级、班级、家庭、学生五层立体架构上将学生考勤、疫情防控、卫生检查、课堂巡查、家校通知、视频会、心理咨询、常规问卷、专题讲座等纳入信息化管理。

3. 课程建设依靠各级各类课程资源平台，统筹推进三级课程管理与校本课程开发，不断完善课程体系建设；面对新高考背景下的立德树人要求和拔尖创新人才培养需求，采取多种方式和渠道拓宽课程资源。

4. 教学评一体化机制依托科大讯飞云计算、大数据统计分析技术支撑，各部门适时获取包括课堂教学应用分析、考试测验应用分析、学生学业质量分析等数据，为教学评一体化全方位、全流程、专业化监控提供科学依据。

5. 后勤服务全面使用安全隐患报警、智能化供电、电教报修、总务报修、智能工资条、智能餐厅系统(远程 APP 智能缴费、人脸识别进餐、个性化备餐)，优化了校园生活全流程，做到让师生和家长安心、省心、舒心。

面向核心素养培育的智慧教学，包括智慧教师、智慧课堂、智慧学习三个方面。在数字化基础上全面提升教师专业化素养，深入开展高效课堂建设，精准指导智慧学习，努力推动教与学方式的变革，实现学业水平高质量发展。具体如下：

1. 培养智慧教师要持续依托信息化应用专项培训和驻校指导，从种子骨干到全体教师、从校外取经到校内实践、从专家引领到校本研修、从基础应用到学科融合，建立以“教师专业发展建设体系”为框架的智慧教师培养长效机制。

2. 探索智慧课堂要充分运用信息技术来变革课堂教与学的方式，突出学科关键能力的培养，强调“只有融合才有意义，只有围绕教学的智慧进行优化才是最好的智慧教学”的导向，推动以下教学六大环节的融合探索，具体来讲，有：

(1)确定学科核心内容(基于信息化建设校本资源库，拓展学生阅读能力)；

(2)设计恰当的情境(基于信息化创设真实学习情境，培养学生信息素养)；

(3)提出反映学科本质和学科思想的问题(基于信息化实现学科建模，增强课堂生成性与交互性)；

(4)组织学生主动有效参与(基于信息化提升学习内驱力，有效发展学生个性)；

(5)引领学生深度探究与思考(基于信息化变化问题角度，引领高阶思维的训练)；

(6)整理知识体系、概括思想方法(基于信息化提炼总结，丰富学科思想和价值)。

3. 开展智慧学习研究与实践，促进学习者的个性化。学习者的个性化显著标志就是内驱力的提升和学习的精准，可以从以下三个方面着手：

(1)设计学习清单，创设学生自主学习情景。教师课前针对重难点编制任务清单并通过智慧课堂平台发送，学生在丰富的校本资源库及第三方资源平台查找资料并完成任务清单，以此学习场景来拓宽学生的阅读视野，提升学生的阅读能力，强化自主学习的习惯养成。

(2)详细分析数据，准确把握课堂教学重点。教师根据任务清单反馈的数据进行分析，及时调整课堂预设，课中运用智慧课堂系统和智学网的阅评系统的动态数据，实现“学讲练考评”一体化课堂教学闭环，确保教师精准把控薄弱环节，突破思维障碍，高效提升课堂获得感。

(3)精准推送报告，实现课后个性化补偿。教师依托讯飞智学网后台大数据，以及学生薄弱知识点图谱报告，针对学科教学实际需求提出个性化学习手册配备要求，由学校统一购买服务为学生个性化补偿训练提供支持。

总之，坚持全面落实立德树人根本任务，需要与数字化转型有机融合，深入地开展数字技术与德育、教学的深度融合研究。用信息化引领构建以学习者为中心的全新教育生态，实现公平而有质量的教育，促进人的全面发展，让教育的智慧之花在智慧教育的土壤里开得更加鲜艳！

提高课堂教学效率之我见

尽管每天有很多事务性工作缠身，加上自己也有教学任务，但是我还是坚持对课堂教学进行网络巡视，在巡视过程中深感课堂教学效率是一个非常值得思考与研究的问题。低效的课堂无疑是浪费时间，也是浪费生命，在我看来每一分钟都应该追求其特定的价值，让每一节课的效率尽可能提升是对学生的负责，同时也是对自己教学生涯的负责。

影响课堂教学效果有以下六大因素：

其一是教师的教学能力。如果教师的教学方法不合适，或者他们对课程内容的理解不够深入，那么课堂的效率可能会受到影响。

其二是学生的学习态度。如果学生对学习没有兴趣，或者他们不愿意积极参与课堂活动，那么课堂的效率也会降低。

其三是课堂管理能力水平。如果课堂管理不善，学生在课堂上缺乏应有的规范，或者教师无法有效地控制课堂秩序，那么课堂的效率也会受到影响。

其四是教学资源应用不足。如果教学资源应用不足，选取的教学资源质量不高，或者缺乏有效的教学工具，那么课堂的效率也可能会降低。

其五是课程设计的科学合理性。如果课程设计不合理，课程内容过于复杂或者过于简单，或者课程进度过快或者过慢，那么课堂的效率也可能会受到影响。

其六是学生的学习力不够强。如果学生学习力欠缺，那么他们在课堂上可能会难以理解新的知识，很难跟上教师的基本教学设计，从而影响课堂的效率。

那么教师应该怎样努力提升课堂教学效率呢？

1. 设定明确的教学目标。在开始教学之前，教师应该明确课程的目标和学生需要达到的学习成果。这将有助于教师有针对性地进行教学设计和组织课堂活动。

2. 采用多样化的教学方法。教师应根据学生的特点和需求，灵活运用多种教学方法，如讲授、讨论、小组合作、案例分析等，以激发学生的学习兴趣和积极性。

3. 创设良好的课堂教学氛围。教师应营造一个积极、民主、和谐的课堂氛围，鼓励学生提问、发表观点，让学生在轻松愉快的氛围中学习。

4. 注重课堂师生与生生互动。教师应鼓励学生参与课堂讨论，提问和回答问题，以提高学生的参与度和学习效果。

5. 合理安排课堂教学时间。教师应合理分配课堂时间，确保每个环节都能得到充分的关注。同时，要注意控制课堂节奏，避免拖堂或过于紧凑。

6. 制定有效的课堂评价机制。教师应建立一套科学、合理的课堂评价机制，对学生的学习过程和学习成果进行全面、客观的评价，以便及时调整教学策略。

7. 加强课堂教学的管理。教师应加强对课堂的管理，确保课堂秩序井然，为学生提供一个良好的学习环境。

8. 不断提升自身专业素养。教师应不断学习和提高自己的教育教学能力，关注教育教学的新理念、新方法，以适应不断变化的教育需求。

9. 与家长保持良好的沟通。教师应与家长保持密切沟通，了解学生在家庭中的学习情况，共同关注学生的成长和发展。

10. 反思和总结教学经验。教师应经常反思自己的教学过程，总结教学经验，不断改进教学方法，提高课堂教学效率。

课堂教学要做到循序渐进

今天是华中师范大学本科实习生为期两个月的实习汇报，三个实习生都谈了自己的教学实习感受。其中大家都谈到了课堂教学中经常出现“跳跃”，导致讲课思路不清晰，没有师傅老师讲课时的循序渐进。这是年轻老师普遍存在的问题，而循序渐进也是课堂教学中的一个很重要的教学原则。

循序渐进原则是指教学要按照学科的逻辑系统和学生认知发展的顺序进行，使学生系统地掌握基础知识、基本技能，形成严密的逻辑思维能力，这个原则又称为系统性原则。《学记》中提出“杂施而不孙，则坏乱而不修”，朱熹提出“循序而渐进，熟读而精思”，夸美纽斯也主张“应当循序渐进地来学习一切”，循序渐进原则既是由学科知识本身的严密系统性决定的，也是由学生认知过程由浅入深逻辑发展的需要决定的。

要做到循序渐进，首先要依据学科系统性进行教学。每一门学科都有自身建立和发展的内在逻辑顺序，这个顺序也是人类在不断研究探索过程中形成的，具有天然的逻辑性，体现了认知的规律性。因此，教师要在深入领会学科章节的逻辑顺序之后形成教学的具体流程，学生在课堂上跟随老师制订的学习计划，按一定的时间顺序、空间顺序、逻辑顺序进行学习。

要做到循序渐进，其次要抓住重点，即处理好主要矛盾和次要矛盾之间的关系。循序渐进不是面面俱到和平均用力，要把主要的精力和时间放在重点知识的启发诱导、讨论总结上；学科知识体系中的关键节点和学生学习理解过程中的难点就是重点，稳扎稳打地把重点逐一突破掉，这样学生才可能不会感到困惑和挫败，能够抓住核心构建体系，真正达到水到渠成。

要做到循序渐进，再次要由浅入深、由易到难、由简到繁。学习任何学科知识或技能，都需要先打好基础，只有基础扎实，学生在接触更高级的内容时才能够真正理解和掌握；同时在学习过程中要遵循学生的认知、思维和心理发展规律，学生在学习过程中的认知能力、思维水平和心理状态是呈现螺旋式上升的，不是短时间内就能达成所有内容的标高。因此，教师要有耐心，不能搞急于求成、拔苗助长，去追求一步到位的效果。

总之，循序渐进的教学原则旨在确保学生在学习过程中获得稳固的基础，同时也能够满足他们的个体差异和发展阶段的需要。教师要分步骤进行讲解、指导、提问、点拨、解疑、板书，组织学生教师分步骤进行分类比较、分析综合、推理判断、抽象概括。只有循序渐进，才能培养学生必备的学习品质和关键的思维能力，真正提高课堂教学效果。

刷题是提升学习成绩的重要一环

刷题是学习过程中非常重要的一环，是学生提升学习成绩绕不过去的坎。刷题可以巩固学过的知识点，加深对知识的理解和记忆，帮助熟悉各种题型，逐渐掌握解题技巧和解题方法，提高解题能力和思维能力，增强自信心，熟悉考试环节，训练应对考试的正常心态。

但是很多学生在刷题时容易走进以下误区：其一是刷题前不注重基础知识的巩固。因为刷题需要有一定的基础知识储备，如果基础知识不牢固，那么在解题过程中很容易出现错误。其二是刷题时盲目追求数量。认为只要数量上去了就一定会提升成绩，其实刷题并不是越多越好，而是要注重质量，如果只是机械地做题，不去理解和掌握解题思路和方法，那么即使做再多的题目也无法提高自己的解题能力。其三是刷题后没有思考和总结。刷题不仅仅是为了做对题目，更重要的是要思考和总结。在做完一道题目之后，要及时回顾和总结，找出自己的错误和不足之处，并加以改进。其四是刷题时只追求速度而忽略正确性。这样的做法容易形成思考不深入、书写不完整不规范等坏习惯，难以得高分。

那么如何科学刷题才能事半功倍地提升学习成绩呢？从历届学生对刷题经验的整理中得到以下五个要点：

1. 客观分析自己的学习成绩和学习能力，根据自己的水平选择难度适中的题目，从基础开始逐渐由浅入深提高难度，在通式通法的基础打扎实的前提下再向深度走，不能在一开始就脱离自己的实际盲目上难度，防止捡了芝麻丢了西瓜。

2. 在刷题之前要仔细阅读题目要求，确保自己完全理解题目的意思和要求，养成精细阅读习题的好习惯，反复思考题目的知识背景所需要的思路和方法。要借助画图、列式子等方式来帮助自己理清思路。

3. 在刷题中要注意思维的逻辑顺序，将题中各个信息点进行有序关联，分析和探究过程中的每一步推导和计算，一定要力求准确；如果遇到思路障碍或者困难，要尝试换角度创造性地寻找新的方式方法来解决。

4. 在刷题之后要及时反思总结，从命题关键意图、情境问题设置、解决思路方法、答题规范要点等方面，进行认真细致的复盘，看清题目考察的本质是什么，同时找出自己思维和表达的不足，并加以补偿性训练改进。

5. 坚持不懈地进行刷题，每天都要保持一定的刷题量，才能保证自己对所学知识点始终处于掌握状态，有效地提高思维的敏捷性，才能在熟能生巧的状态下完成对所学知识和方法的实质性驾驭，达到万变不离其宗的境界。

培养学生答题的规范表达

阅读、思维和表达是学习过程三大能力。其中表达是高考中越来越重要的能力，学生通过快速地阅读和缜密地思考，最终落到表达上。除了语文、英语写作题型的哲理性和艺术性要求之外，几乎所有学科的答题都要求规范表达。包括表达的准确性、简明化、整洁度，它们是对阅读和思维过程最基本、最有效的展示，是最终获得高分的基本依据。

表达的准确性是指使用准确、具体和恰当的学科词汇和规范的格式来回答题设要求回答的问题，明确设问要求的名称、数字、量和单位、数学式、化学式、插图、表格和标点符号的规范书写。要遵循语法规则，保证句子结构的正确性。避免表述文不对题和含糊不清，减少误解和混淆，甚至是歧义。

表达的简明化是指在符合逻辑性的基础上直击关键点，突出重点和主题，使用尽可能简洁、清晰的语言。避免冗余和重复，省略掉不必要的词语，尽量避免使用晦涩难懂的长句，要去粗取精，去伪存真，以达到让阅卷教师一目了然的目的。

表达的整洁度是指试卷的书写要清晰、有序，包括字体的工整程度、笔迹的清晰度、行间距和字间距的整体一致性以及上下左右的对齐，保持答卷的规整和洁净。一份布局合理、字迹清晰的试卷能够提高可读性，使得评卷老师更加轻松地阅读和理解学生的回答。

教师要在平时的每一次课堂教学、作业考试中注重规范性表达的培养，具体从以下几个方面指导学生，提高规范表达的能力。

1. 熟悉考试要求。指导学生充分了解各学科考试的评分标准和要求，明确学科考试中需要表达的内容和形式。

2. 加强逻辑训练。指导学生在表达过程中注意逻辑的连贯性和字迹的清晰度，提高学生表达的准确性和语言组织能力。

3. 重视表达引领。指导学生学习借鉴优秀的表达方式和技巧，通过多种形式展示规范表达，强化规范的答题范式。

4. 调动自主意识。指导学生在自评过程中提升规范性表达，引导学生更加自主地关注规范性的表达。

总之，培养答题的规范表达不是一节课、一阵子的事，而是应该长期培养的过程。需要教师从起始年级开始就不断地要求、示范、练习、点评、纠偏和改进，不能等到高三再开始着手表达规范性的要求和训练。

积极运用基于问题驱动的教学方法

当前教学领域中比较热门的研究课题之一，是基于问题驱动(Problem-Based Learning，PBL)的教学方法。这是由美国教育家 Barrows 在 1969 年提出的一种以学生为主体、以专业领域内的各种问题为学习起点，以问题为核心规划学习内容，让学生围绕问题寻求解决方案的一种学习方法。

这种教学方法能够提高学生的学习主动性，激发学生在问题解决中的创造性思维，对提升学生核心素养，培养学生的必备品格和关键能力具有非常突出的作用，对目前探索提高学科核心素养是有重要的现实意义。

这种教学方法对教师的要求较高，教师必须具备较强的课堂掌控能力和引导能力。强调学生在教师的引导下，在提出问题、分析问题、解决问题的过程中，培养学生的创新能力、团队协作能力和自主学习能力。基于问题驱动的教学方法一般有以下六个阶段：

1. 提出问题。教师根据教学目标和学生的实际情况，提出一个具有一定挑战性的问题，这个问题应该能够激发学生的兴趣和好奇心，引导学生主动去思考和探索。

2. 分析问题。学生在教师的引导下，对问题进行深入的分析，找出问题的关键点和难点；教师要引导学生运用已有的知识和技能，对问题进行拆解和梳理。

3. 解决问题。学生在分析问题的基础上，提出解决问题的方案；教师指导学生运用创新思维尝试不同的方法和途径，寻找最佳的解决方案。

4. 合作学习。学生分组进行合作学习，共同讨论和解决提出的问题；在此过程中，学生可以相互学习、相互帮助，提高团队协作能力。

5. 成果展示。学生将解决问题的过程和结果进行展示，接受教师和同学的评价和建议。这一阶段有助于学生总结经验，提高自我评价和反思能力。

6. 反馈与调整。教师根据学生的展示和表现，给予及时的反馈和指导，帮助学生调整学习方法和策略，提高学习效果。

各备课组要引领教师积极探索基于问题驱动的教学方法，通过提出具有挑战性的问题，激发学生的好奇心和求知欲，充分调动学生的学习兴趣和积极性，使学生更加主动地参与到学习过程中；引导学生在解决问题的过程中，培养自身的创新能力和团队协作能力；突出教学过程中学生的自主学习和合作学习，培养学生的自主分析问题和解决问题的能力，为将来的大学学习打下坚实的基础。

让我们一起来探索大单元教学

大单元教学是一种整合取向的课程开发和实施，与传统的单元教学在学习目标、知识形态、教学方式、情境任务设计、课程资源利用等方面迥然不同。它是在核心素养本位下，以大主题或大概念为主线，通过分解课标、驾驭教材、整合教材等方式，确定大单元目标，叙写学业要求，创设真实情境，设计大任务，开展大活动，思维大迁移，结果全反馈等一系列环节来完成的。

大单元教学具有许多优点，其一是特别能锻炼学生的梳理与整合能力，有利于培养学生浏览文本、筛选信息、理解文本、梳理概括和组织整合等核心素养；其二是可以帮助学生更好地理解和掌握知识，实现知识的内化和应用；其三是强调从零散走向关联，由浅表走向深入，由远离生活走向真实情境，教学内容由浅入深、由易到难的推进，注重对学生创新能力和实践能力的培养；其四是可根据学生的学习能力和兴趣进行主题选择和学习内容准备，使教学更加符合学生的实际需求；其五是促进教师的角色转变，对教师提出了更高的要求，需要教师立足于新时代新形势下社会所迫切需要的学科核心素养，以发展的眼光将整本教材为自己所用。

大单元教学是一种结构化的教学活动，这种结构化不仅包括知识和技能的组织，还包括教学活动和问题的结构化。在实施大单元教学时，以下几个步骤是必要的：

1. 确定大单元目标。首先需要明确大单元的主题或大概念，这是整个教学过程的核心。

2. 分解课标、驾驭教材、整合教材。基于核心素养，对课程标准进行解读和细化，灵活运用和整合教材内容。

3. 设计大任务。围绕大主题或大概念，创设真实情境，设计具有挑战性和引导性的大任务。

4. 开展大活动。通过实践、探究等方式，让学生在实践中获得知识技能的提升和情感态度的培养。

5. 进行思维迁移。引导学生将所学知识和技能应用到其他情境中，实现知识的内化和应用。

6. 动态评价与反馈。及时对学生的学习过程和结果进行评价，提供反馈，促进学生的进一步发展。

在上述过程中，整体性、递进性和生成性是大单元教学的三个基本特性。整体性体现在整体设计、整体实施、整体评价上，强调从零散走向关联，由浅表走向深入；递进性则表现为教学内容由浅入深、由易到难的推进；生成性体现在教学过程中对学生创新能力和实践能力的培养。我们一线教师要在实际教学中大胆尝试，不断探索最佳的大单元教学设计，稳步推动教与学方式的变革。

教师应该充分进行分层教学

分层教学是一种对不同层次学生进行针对性培养的教学模式，教师首先结合学生现有的知识、能力水平和潜力倾向，大致把班级学生分成几组各自水平相近的群体，在备课时进行有区别的分析和对策制定，要让这些群体在教师恰当的分层教学策略中得到最好的发展和提高。这种教学模式充分尊重了学生的个性差异，能够顺应不同层级学生原有的学习基础，让每个层次的学生都能够得到适切和充分的发展。

分层教学对于教师而言，其要求是非常高的。因为一般教师在备课时主要是依据课标要求和学生平均能力来作出判断，这样相对简单易行，也不用费多大精力。但是，如果实施分层教学，就需要教师有对各层级学生清晰的评价、高超的教学技巧和丰富的临场经验。每一节课都运用分层教学的模式，对老师是非常大的考验。一线教师要做好分层教学，我认为可以从以下方面去实践。

1. 科学合理确定学生层次。教师需要对所教班级学生进行准确评估，了解他们的学习能力、知识水平和潜力倾向，然后根据这些信息将他们分成不同的层次，不同教学内容都会有学生层级的重新划分。

2. 设计不同层次的课程。每个层次的学生都需要适合他们的课程内容和教学方法。对于基础较差的学生，教师可能需要提供更多的指导和帮助；对于学习较好的学生，教师可以提供更深入的学习材料。

3. 提供个性化指导支持。教师需要为每个层次的学生提供个性化的指导支持，即在全面处理共性问题的基础上，要分层帮助学生解决学习中遇到的问题，提高他们的学习效果。

4. 定期评估和调整层级。教师需要定期评估学生的学习进度和成绩，根据评估结果调整教学策略和方法。如果某个学生的进步超过了预期，可以考虑将他提升到更高的层次；反之则降低层级。

5. 鼓励课堂上合作学习。分层教学并不意味着学生只能与同层次的同学交流和合作，教师可以鼓励不同层次的学生进行交流和合作，这样不仅可以提高他们的学习效果，还可以培养他们的团队合作能力和社会交往能力。

总之，进行分层教学，教师要有“一切为了孩子”的责任感，保持公平公正，避免因为分层而产生歧视或偏见，要适时调整分层教学的目标、层级、方法，最终是为了让每一个学生都能有更充分的发展空间和更优异的成绩。

从督导实践中反思优化课堂教学管理

课堂教学是全面贯彻教育方针的主阵地，是应对新一轮课程改革的核心环节，是不断提高教育教学质量的关键。现在，“向管理要质量，向课堂要效益”的指导思想已经深入人心，很多学校采取的课堂管理举措也各具特色，那么如何以校为本地优化课堂教学管理呢？笔者从督导实践中总结反思后认为，要不断优化课堂教学管理，使学校的课堂教学逐步趋向规范，课堂教学效益和终端教学质量显著提高，“优化课堂教学管理”目标可以物化为以下五大系统工程来组织实施。

一、以“认识统一，目标明确”为主要标志的“转变观念”工程

观念是行动的先导，对于学校教学管理来讲，它主要体现在全校教职员工的认识和目标对其教学及管理行为价值取向的引导上。没有统一的认识就没有加强课堂教学管理的向心力，没有明确的目标就没有提高课堂教学效益的方向。

所以学校领导班子必须坚持以“齐抓共管、常抓不懈”的工作作风来实施“转变观念”工程，通过多层面(全体干部、党员、骨干教师、青年教师等)、多渠道(教工大会、党员组织生活、教研活动、骨干培训等)、多形式(主题报告、专家讲座、教学展示、学科竞赛、教学达标等)的活动来引导教师学习、实践、反思，以此促进教师更新观念、扩展眼界，使教师统一“三个认识”，明确“两个目标”。

1. 统一“三个认识”

一是要努力践行“德育教学”一体化的大教育观；二是要坚持和发扬学校的课堂教学传统(例如某校教学传统是“厚重基础、严谨执教”)；三是要依据新课程对教学目标三个维度的认识来改进和创新课堂教学。

2. 明确“两个目标”

一是依据学校制定的《新课改下课堂教学评价标准》，力争创“达标课堂”和“优质课堂”；二是依据学校制定的《学生对课堂教学的评价细则》，力争使学生对课堂教学的满意率达到最高(基标为 80%)。

“转变观念”工程是优化课堂教学管理的起点，也是难点，因此教学管理者要以“文化引领”为最高境界来设计这项工程，力争达到教师与管理者在课堂教学价值追求上最大限度的认同。

二、以“促进教师专业化发展行动”为主要依托的“校本研究”工程

苏霍姆林斯基曾说：“教师的职业就是要研究人，长期不断地深入人的复杂的精神世界”，“教师的工作就其本身的逻辑、哲学基础和创造性质来说，本来就不可能不带有研究的因素”，“课堂教学研究能驱散工作中的冷漠和惰性，能把每个教师引上幸福之路”。

所以学校要高度重视以校为本的研究，深入开展以“促进教师专业化发展行动”为主要依托的系列校本研究活动，以此促进课堂教学效益的优化和提高。校本研究活动可以从四个方向去开展。

1. 开展以“骨干教师研修班”为突破口的提升教师素质培训活动

优化课堂教学最终要靠教师去实施，没有教师素质的优化也就没有课堂教学的优化。笔者认为以骨干教师为龙头，开展分层次地提升教师素质的“骨干研修班”活动是非常好的形式和举措。例如某学校聘请省管专家、特级教师导师团每两年开展一期“骨干教师研修班”活动，成果显著。而且学校以骨干研修班为基础，采取“大手拉小手”的办法构建教师培训立体网络，从而高效益地带动了全校教师专业素质的整体提升。

2. 开展以“基于本校课堂教学实际问题”为核心的教学科研活动

课堂教学中存在的制约教学效果的问题就是我们要研究的问题，学校教学管理者应该在深入课堂听课调研和组织教师开展教学反思的基础上，归纳出课堂教学的主流问题并确定课题来开展研究。例如某校进行的《中学生自我效能感的理论与实践研究》《高中语感教学》《高中化学“情景—探究—反思—创新”教学模式研究》等多个课题研究，都是基于学校课堂教学实际的研究，通过开展课题的研究来调动教师聚焦问题、研究对策、改进和优化课堂，促进了教师专业化反思习惯的形成和研究能力的提升。

3. 开展以“创达标(优质)课堂”为目标的课堂教学研讨活动

什么样的课堂教学是达标的或者是优质的，必须给教师一个相对明确的界定和范式，因此要借助系列课堂教学研讨活动为教师提供学习、交流、反思的平台。学校可以开展以教研组为单位的“课堂教学优质课展示”活动，让有丰富教学经验的校内外优秀教师展示他们教学的独特魅力，引导教师学习他人所长，丰富并完善自己的课堂教学风格；可以开展以备课组为单位的“课堂教学达标课”活动，依据新一轮课程改革的要求和现代教育理论所倡导的课堂教学标准，引导他们转变教学行为适应新课改。

4. 开展以“信息技术与教学管理整合”为特征的创新管理方式研究活动

当今世界教育的趋势正走向信息化，强大的信息流充盈着教育的每一个角落，忽视学校现代教育技术资源在教学管理中的开发就等于管理手段的落后。因此，积极开展信息技术与教学管理和学科教学整合的研究，充分应用信息技术来开展课堂教学的诊断、管理和评价，引导教师开展信息化的学科教学，是优化课堂教学、促进课堂教学管理科学化、整体提高课堂教学效果新的发展领域。

三、以“精细化的教学常规管理”为主要抓手的“课堂教学管理”工程

提高课堂教学质量和效益的举措从根本上要以教学常规的规范为制度保

障，可以毫不夸张地说，教学常规环节的有效管理和调控是一个学校课堂教学管理水平的标志，也是提升学校课堂教学质量最基本的途径。笔者认为从课堂教学系统论的观点来看应该从两个方面抓规范。

1. 规范学生的课堂学习常规，营造良好的课堂学习氛围

要从学生的课堂学习常规抓起，规范课堂学习过程的每一个环节，努力把教师的劳动有效地转化为学生的学习成果。要通过课前预习、课堂学习、课后复习、作业、实验、测试等学习过程的指导，让学生养成良好的课堂学习习惯，帮助学生学会学习；要通过对学生课堂上的情感疏导、兴趣激发、价值观引领等德育渗透，培养学生良好的思想素质、行为规范和心理品质，促进学生在课堂上能高质量地学习。

2. 规范教师的课堂教学常规，促进高效的课堂教学质量

要从教师的“备、教”两大环节上进行规范，旗帜鲜明地提出没有精细化的课堂管理就没有优良的课堂教学质量。

(1)备课环节(包括集体备课和个人备课)

坚持从制度、形式和内容上为备课组提供集体备课的范式，确定集体备课的具体步骤和要求；要求教师在认真研究教材、大纲、考纲、中(高)考题的基础上确定教学的目标、重难点，要在“学生如何学”的指导思想下运用教育学、心理学和学科教法去设计教学过程，使教案不再是知识的堆砌甚至是应付差事，而应该是体现学科思想、针对不同的教学对象而创作的“剧本”。

坚持从“出勤情况、中心发言人的准备材料和集体讨论过程记载”等方面详细检查每一次集体备课情况，对个人备课的监控实行“过程三查”，即：

“小查”：每周随机抽查关键年级的关键学科的教案，主查教案规范；

“中查”：每月检查各年级所有学科的教案，主查教案数量；

“大查”：期中、期末对所有学科的教案进行评比，主查教案核心部分(即三维目标和双边活动)的质量。

每次检查情况都要书面通知教师并在全校通报，学期的“大查”要对共性问题进行全校点评。

(2)课堂教学环节

学校可以制定《课堂教学评价标准》和《学校教学事故处理暂行办法》，对课堂教学采取了教导处巡堂、全程电子监控、干部下年级组调研听课、教研组长和特聘专家随机推门听课、备课组单元跟踪听课、骨干教师示范和青年教师课堂教学达标等形式对课堂教学进行过程动态管理。对于在检查过程中出现的问题及时采取个别谈话、书面通报、班级联席会、年级组组会等形式进行处理。

四、以“课堂教学五优化”为主要目标的“高效教学模式构建”工程

任何学校都有自身课堂教学的主流风格和特色，教学管理者应该在充分挖掘特色的基础上努力去顺应和发扬这种传统风格，然后再引入现代教学理论和学习理论的相关元素，使之注入新的活力。例如，有学校充分挖掘学校多年来积淀的教学特色，倡导教师根据新课程改革的要求开展“高效教学模式构建”研究。例如，某校提出的高效课堂教学模式是在原有的课堂教学传统的基础上更加突出做到“五个优化”，即：

优化师生关系，营造“三共”教学氛围，在课堂教学中注入生命的意义。

优化教学目标，重视“五种”能力培养，使课堂教学由“同化(量)”到“顺应(质)”的飞跃。

优化教学方法，倡导启发式教学，使课堂教学基于科学的内涵。

优化教学过程，加强师生互动，在课堂教学中促进教与学的最佳融合。

优化教学手段，整合教学资源，使课堂教学的效益达到最大化。

五、以“三级聘任和学生评教”为主要保障的“完善评价机制”工程

课堂教学是否优化的评价应该以“同行是否认同、学生是否满意”为落脚点，建立“同行(含专家)认可、学生评教”的课堂教学评价机制，以此来推动教师在课堂教学的优化上实施自觉的有方向性的改进和革新。

笔者认为，在课堂教学评价上要坚持“定性和定量相结合、过程与发展相统一”的原则，以同行和学生这两面镜子来帮助教师审视自己的课堂。例如某校通过采取“三级聘任”实施同行的课堂教学评价，在聘任过程中年级组长和班主任对同学科科任教师的课堂教学进行深入分析和比较，聘任结果就是一种评价；另外，学校自行设计“课堂教学评价系统3.0”，组织学生通过网络开展学生评教，向被评教师提供详细的“课堂教学量化诊断结果”，让教师清晰地了解来自同行和学生对自己课堂教学每一个环节的全面评价，以便教师能科学准确地调整和改进课堂教学中的薄弱环节。这两项评价有力地促进了教师对自身教学问题的批判式的思考，有效地提高了课堂教学效益。

管理实践中笔者体会到仅有他评(同行、学生)还远远不够，还应该采取更加积极的、人性化的评价(教师自评)来完善评价体系，以此唤醒教师在课堂教学实践中自我定位、自我改进和自我发展的主体意识，真正实施以教师发展为本的管理。

本着“实绩面前论英雄，否定面前找出路”的理念，不断优化课堂教学管

理是促进教师提升教学品位，形成教学特色的必然举措，是营造“能者上，庸者下”、构建和谐教学竞争格局、提高教学质量的必由之路，更是我们教育管理者贯彻二十大精神、扎实推进教育高质量发展的光荣责任。在优化课堂教学管理上还是那句老话，“没有最好，只有更好”。

04

高考备考策略

如何选择学科组合

每年的高一学科组合选择都是学生和家长异常纠结的事。最近高一年级召开学科组合选择家长指导会之后，很多家长同样是犹豫不决、寝食难安，各种想法层出不穷。奇怪的是现在的学生并没有表现出特别强烈的个性化愿望，往往比较顺从家长，都是家长怎么说就怎么选，或许是疫情之后好多学生变得乖巧了，少有自己的想法。

当前家长对学科组合选择纠结的原因主要概括为以下四个方面。

其一，对孩子未来发展规划的精细化。现在很多家长较过去五到十年甚至更早的家长来说，普遍都是受过高等教育的一代人，他们在职场上也都很有自己独到的认知。所以，现在的家长不太容易受学校老师的影响，往往是以孩子未来的就业为思考出发点，希望为孩子未来发展作出精细化的规划，而未来职业市场和社会环境的不确定性，家长很难精准地预测更有利于孩子长远发展的组合。

其二，对孩子兴趣和能力把握不准。很多家长也知道应该尊重孩子的兴趣爱好、特长能力等，但是有时候对孩子的兴趣和能力把握还不够准确。尤其是在当前新高考背景下，各学科核心素养导向的新要求其实是对学生能力提出了更高的要求，光有兴趣是不足以支撑学科学习的。因此，缺乏全面评判孩子在各方面能力上的优势和劣势，选择组合时就会感到纠结甚至是让孩子未来学习极度不适应。

其三，对高考政策和录取要求的不了解。不同高校的高考院校专业组政策和录取要求有所不同，家长需要了解这些信息来为孩子做出合适的组合选择。然而，这些信息往往比较繁杂，说实在的，有时对于年年搞高考的中学老师也是云里雾里，而且每年各高校都在翻着花样变化各种招录政策和组合要求，家长可能难以全面掌握，从而在组合选择上产生纠结。

其四，对学校资源和师资的过分追逐。一般来说，家长们都是希望孩子能够在有优势的组合班级里面学习，以便获得更好的教育资源和师资。家长普遍认为跟着成绩好的学生自己孩子的成绩就会突飞猛进，否则就会落后，因此，在组合选择时，家长往往总是想选择师资力量的组合，但是又对孩子自身情况有所担忧，从而在组合选择上产生纠结。

以上纠结都是可以理解的，毕竟现在家长对孩子教育期望都非常高。我认为在组合选择时应该遵循以下两大基本原则。

1. 平衡看待兴趣爱好与能力优势。兴趣是最好的老师，学习能力是提升成绩的核心，两者要平衡看待，既不能完全凭兴趣而忽视学习能力上的欠缺，也不能仅仅以学习能力超强而泯灭自己的爱好，两者之间要兼顾。其实很多能力很强的学生在今后职场中完全可以靠兴趣特长来加持自己的事业发展，所以在当前竞争异常激烈的环境中，能力适当放在前面，业务兴趣特长持续发展，这是一种非常好的状态。

2. 充分依据学科优势和高考录取政策。高考是当前唯一实现阶层跨越最公平的手段，高考成绩不佳就难以录取到顶尖名校，那么今后职场发展的起点就是一步落后。步步落后，换句话说，跨越高考踏上名校平台是第一位的，只要拥有较强的学习能力，在更好的教育资源平台发展就有了更多的可能；况且现在是多元化的社会和终身学习的时代，大学本科是什么专业往往显得不是特别重要，而日后的多学科学习深造是常态，很多优秀的人的专业与职业并不对应，但不影响其成功。

高一学生学习方式调整迫在眉睫

今天学生课下和我交流高一化学学习体会时，谈到从初中到高一化学学习的特点，认为每节课都有很多知识点扑面而来，重点和难点比初中要多很多，好像老师的话句句都是考点，教学进度也和初中相比要快很多，还没有完全熟练就进入新的章节，章节内容多了之后就显得特别杂乱，心里特别没有底。

确实，师生在高一起步时相互不适应是一个非常普遍的现象。对老师而言，尤其是刚从高三下来的老师，每节课的教学进行得简洁明快，很容易“下狠手”地把知识难点迅速拔高，还没有把初中学生特别依赖老师的习惯调整过来，就采取高中的学习节奏和学习方式去要求他们；对学生而言，他们在初中学习化学时，由于知识点比较少、思维容量不大、特殊变化不多，再加上有充裕的时间把老师详细板书在黑板上的一个个知识点理解透彻，整齐抄写后背诵，最后辅之以反复的模式化训练。因此学生特别“享受”这种保姆式的教学方式和记忆复制被动式的学习方式，不用特别辛苦用脑就能把容量不大的考点都搞得清清楚楚，殊不知这样培养的学生很难适应高中和大学的学习要求。

高一教师迫在眉睫的任务就是要尽快指导学生调整学习方式。具体来说就是以下三个环节的调整与改进：其一是学会课前自主阅读教材，初步把主要章节知识点看懂并整理出线条来，把教材内容的“为什么、是什么、干什么”找出来，简要形成自己的认知框架；其二是重视课中抓住关键要点，把老师讲的每一个核心重点(甚至是每一句话)、学科思维逻辑、规律应用技巧等都逐一充实到自己前期自学形成的认知框架之中；其三是养成课后训练反思整理习惯，通过分析训练中的常考点和错误点，把知识体系、方法技巧再次进行有序梳理，丰富并完善自己的认知框架，在补偿性刷题的帮助下提升熟练分析问题、解决问题的能力，培养自己面对新情境能够主动迁移、演绎创新的素养。

以上这三个环节的习惯形成需要一段时间，不能操之过急。要把这三个环节经常性地贯穿于课堂的教学设计和学法指导之中，既不能置之不理地靠学生自己“适者生存”，也不能迁就学生继续实施包办代替式的教学方式。要在充分激发学生学习兴趣的基础上，通过设计项目式的学习任务引导他们步入“自主阅读、学科思维、系统建构、精准表达”的学习循环，学生一旦形成良性循环，学习效果将会突飞猛进。

高一学生自主学习习惯与能力的培养

最近经常听到有部分高一学生家长说孩子上了高一后作业还没有初三多，在学校晚自习都可以把作业做完，回家晃几下就睡觉了，似乎比初中还轻松。家长可能觉得是不是学校抓得不紧，学生或许是经历了初三高强度的中考刷题备考之后想适当缓解一下紧张的学习节奏。

其实，高一起始阶段有轻松的感觉是一种假象，原因有两个：其一是因为很多学生在中考之后都参加假期衔接班，现在进高一的前两个月在知识点学习、习题训练上相对比较熟悉，重新学习比第一次学习要轻松一些；其二是高中各学科有40%的学习任务是阅读拓展、归纳整理、记忆强化、补偿训练、反思感悟等自主学习，这些任务不属于硬性要上交的笔头纸质作业，相当一部分学生不重视，或者没有养成习惯，甚至是不愿吃苦而随意删减。因此在高一的上学期，我们要下大力气把学生自主学习习惯和能力的培养作为最为核心的工作来抓。

根据最新中国高考评价体系和多年来创新拔尖人才培养的经验来看，凡是没有养成自主学习习惯和能力的学生是适应不了高考必备品格和关键能力要求的，即使中考取得很高的分数。自主学习主要包括：阅读拓展、归纳整理、记忆强化、补偿训练、反思感悟这五大基本环节。

阅读拓展是高中最首要、最有效提升自身整体学科素养的方法。进入高中要争分夺秒、化整为零地把阅读拓展持之以恒地抓起来。语文、英语要开展各类文本的阅读，拓展视野、丰富阅历，推动思维深度和广度的发展，数理化生要在课堂学习的基础上再次精读教材，重点语句、规范用语要反复揣摩，政史地要结合教材内容进行延伸资料查阅收集，增强对人物、事件、文化、背景等的全面把握。各科教师可以从阅读目录、时限设定、达成目标、读后交流等方面加强指导和检查。

归纳整理是面对高中扑面而来的密集知识点进行有序的自我建构过程。有序成体系的知识才便于记忆和运用，很多学生依然还是沿用小学和初中的那种在课堂上把老师的板书或者 PPT 抄下来的整理方式，这是不可取的。高中学习必须要把课堂上老师的重点讲述、课本上的关键语句、习题训练中的核心考点通过自己的理解进行再梳理，形成自己清晰认知下的知识图谱和解题方法。那种不动脑地整齐抄写老师笔记、课下依葫芦画瓢地死记硬背、套用公式和解题方法的做法看似非常认真，实际上是走进了学习的死胡同。

记忆强化是高一打好扎实基础肯定绕不过去的方式。语文必备篇目和拓展重点篇目的记忆非常重要，汉字、成语、名言警句和优秀古现代文本积累素材越丰富，语文越能真正突飞猛进，如果留到高三再积累基本上就没有时间了；英语的词汇量和广泛阅读要紧密结合在一起，作为省级示范学生的词汇量至少要超过 6000 个，篇目阅读要天天不间断；其他学科的记忆强化更是需要在理解的基础上不断反复强化，与遗忘相抗衡，记忆强化做得越到位，进入高三总复习就越有效果。

补偿训练是应对个性化学习目标达成的重要方法。每个学生对自己的定位都不一样，在学习中发现的漏洞和薄弱环节也不一样，学校统一的作业只是基本的过关和高考热点训练，必须给学生留下一定时间和空间去针对自己的问题进行补偿训练。每个学生的课后自主补偿训练不是盲目地找一些参考资料来刷题，而是在认真归纳整理后，把不熟悉、不理解、不规范的薄弱点进行有目的的强化，同时还要提升单位时间内的解题效率。高中课程相当重要的章节大多在高一年级，通过补偿训练强化体系、弥补漏洞、锻炼思维、训练速度能够起到个性化打好高考基础的作用。

反思感悟是适应新高考提高核心素养的高阶要求。俗话说“学而不思则罔”，整个高中各学科学习到最高境界都是必须靠自己的“悟”，高考取得优异成绩的学生不是老师帮着思考、手把手帮着示范出来的，一定是在老师循序渐进地引导学生学会思考后脱颖而出的。听懂了不等于理解透彻，理解透彻不等于会灵活运用，灵活运用不等于能评价辨析后的创新。整个学习进程中需要不断地反思感悟，从原理的来龙去脉、从规律的内涵外延、从方法的学科思想到能力的全面综合都要“悟”出自己的“道”，这需要淡定静心、深入探索的精神状态来支撑。

以上五大基本环节环环相扣，需要明确的目标、有序的计划、充分的时间、主动的态度和顽强的意志去配合完成，更需要老师和家长进行“科学、耐心、陪伴、鼓励”的指导。若是按照这样的规划去逐步实施自主学习习惯和能力的养成，那学生还会说“轻松”吗？按道理说轻松不了，应该是更加充实的高一学习与生活，每天都有干不完的事，假以时日学生们都将收获满满。

如何提高学习力

学习力是一种综合能力，不仅仅包括个体在面对新知识、新技能时快速获取、理解、应用和创新的能力，还包括个体在学习过程中所展现出的心理素质、情感态度、价值观等多方面因素。

学习力作为核心能力之一，对于学生的综合素质和未来发展具有重要意义，学习力是终身学习的基石。只有具备较高的学习力，个体才能在不断学习和成长的过程中，实现自我价值和社会价值。

虽然个体的学习力受到遗传、环境等多种因素的影响，但通过科学的教育和训练，是可以得到有效提升的，培养学习力是我们教育过程的重要任务。

学习力包括八大指数：稳定的专注力、敏锐的观察力、深刻的阅读力、缜密的思维力、主动的探究力、丰富的想象力、高效的记忆力和积极的践行力。这八项指数相互关联，共同构成了一个人的学习力。只有全面提升这些能力，才能实现真正的高效学习。

稳定的专注力：指个体在面对任务或活动时，能够集中精力并持续关注的能力，稳定的专注力可以帮助个体更有效地接收和处理信息。

敏锐的观察力：指个体通过大脑对事物的观察，能够快速发现新奇的事物并有一个新的认识，敏锐的观察力可以帮助个体捕捉有价值的真问题。

深刻的阅读力：指个体理解和吸收书面信息的能力，深刻的阅读力不仅要求快速阅读，还要求深入理解和批判性思考。

缜密的思维力：指个体运用知识和经验分析问题、解决问题的能力，缜密的思维力可以帮助个体在学习过程中形成独立的见解和观点。

主动的探究力：指个体探求事物的本质和真理，查明或研究清楚事物的态度，主动的探究力可以帮助个体更加积极地分析问题和解决问题。

丰富的想象力：指个体基于现有的知识信息，创造出新的思想、观念和解决方案的能力，丰富的想象力可以激发个体的创新思维，推动知识的发展和更新。

高效的记忆力：指个体储存和提取信息的能力，高效的记忆力可以帮助个体长期储备知识，为进一步的学习打下基础。

积极的践行力：指个体能够有决心和毅力地将理念和观点转化为实际行动，以实现目标或改善现状的能力，即使面临困难和挑战也不放弃。

提升学习力需要从多个方面来着手培养，具体建议如下：设定明确的学习目标有针对性地进行学习；制订合理的学习计划，确保学习过程有条不紊；养成主动提问、积极参与讨论等良好的学习习惯；在学习过程中保持专注避免分心；广泛阅读，提高阅读速度和理解力，对所读内容进行深入分析，学会批判性思考，探索并运用各类记忆技巧；多进行思考和讨论，锻炼自己的逻辑思维和创新能力；尝试从不同角度思考问题，进行头脑风暴，激发自己的想象力；定期对自己的学习过程和结果进行反思，找出不足之处并加以改进；对待学习要有热情和毅力，相信自己能够不断进步。

提升学习力是一个持续的过程，需要长期的努力和积累，只要坚持在八个指数上下功夫，就一定能够实现学习的高效率。

谈高中学习基本法则

今天在新学期的第一节课上，看到孩子们的那种踌躇满志、如饥似渴、跃跃欲试的眼神，很受他们的感染。脑海中泛起一个我认为非常重要的话题，那就是高中学习基本法则，我概括为“六先六要六心六会”。真心希望孩子们在新的学段不走弯路，尽快适应从初中向高中的过渡，最终实现学业成绩的“六六六”。

“六先”

先自学，后听课。通过提前自学，培养自己的阅读习惯和能力，找出自己看不懂的难点，然后有针对性地听课，这样可以极大地提升听课效率。

先回忆，后看书。课后首先回忆当天学习的内容，对印象不深、逻辑不清的知识点就有了非常明晰的印象，然后看书就会有重点地去突破。

先看书，后练习。训练是为了巩固和应用，因此在把当天内容的主干知识和方法搞明白之后再练习会事半功倍，也会增强学习自信。

先理解，后记忆。理解的过程其实就是建构的过程，通过新旧知识联系、来龙去脉的分析来建立大脑神经元突触之间的关联，把底层逻辑搞通了记忆就省事。

先整理，后反思。有序的知识才便于记忆和调用，整理是随着学习容量逐步增大所必须具备的基础性习惯，不仅要整理知识方法，还要反思关键点和思考路径。

先基础，后难度。基础掌握要牢固，要达到信手拈来、熟能生巧的程度，然后再上难度，很多难度问题是多个基础问题交织在一起的，逐个突破才能提升能力。

“六要”

要理清教材思路。通过阅读教材和聆听教师讲解来把教材内容图谱化，从整体框架到前后关联都要理顺，做到有序存储、体系化建构。

要善于展开联想。多想为什么是这样，与从前的知识有什么不一样；条件改变后会变成什么样。跨学科、跨领域地联想、融合和调整。

要明晰重点难点。对于每天的内容都要想明白关键是什么、最难的地方在哪里，我自己要特别注意的地方在哪里、高考的热点在什么地方。

要消除学习障碍。对于阅读、听课、训练中出现的各种障碍不能回避，要问自己究竟是什么障碍，对这个障碍有什么办法去缓解或者突破，我想通了没有。

要坚持写反思笔记。每个学科每个章节的反思是最具价值的思想光辉，有时候稍纵即逝，一定要做到当天当时记下来，而且要非常有序地记录。

要及时补偿训练。补偿训练是对问题的有效化解，最长不能积累超过一周。要做到天天清、周周清、月月清。一旦问题没有纠正到位，累积后就会压垮自信。

“六心”

开始学习下决心。内驱力是学习的“油门”，没有决心就等于车辆的发动机没有给油，怠速状态是跑不快的，要不断追问自己的人生理想与价值追求，这有助于内驱力的提升。

学习过程很静心。学习过程中的阅读、思考与表达三个关键能力的提升是需要在静心状态下才能高效率、高质量达成，浮躁的心态只能草草收兵无功而返。

研究问题有耐心。高中学习内容的深度、宽度、厚度都是空前提高，不能有轻而易举就可以搞定的急切情绪，耐心地反复阅读、深入分析、逐层探究才能促进素养的形成。

碰到困难靠信心。没有学习困难是不可能的，关键是遇到困难能够有乐观主义精神，有信心去探索解决困难的途径。

成绩提升得耐心。听懂不等于会做，会做不等于满分。由于章节知识的不断叠加，全面、敏捷、规范成为成绩提升的前提，这是需要时间与经历的积淀的。

请教他人要虚心。虚心听取他人的见解，反思他人思维的特点，尝试多接纳、多借鉴他人的优势，犹如站在巨人肩上前进。

“六会”

会制订学习计划。科学制订适合自己的学习计划是高效率取得优异成绩的起点，计划的精准性、针对性、灵活性要强，并根据学情不断调整。

会利用学习时间。抓紧每一分钟学习不如学习的每一分钟都专注，既要学会把微不足道的时间用好用足，更要把学习中的效率提升。

会梳理学习内容。只有系统化的知识与方法才能有助于记忆和应用，做到天天在大脑中梳理学习内容，可以去粗取精、去伪存真、去繁就简，形成核心链条。

会调整学习方法。学习方法是一门科学，方法的不断改进是高中学习过程中非常重要的环节，死学就是走死胡同，是没有希望的。

会拓展学习领域。要用降维打击的观点来对待高中内容，学科内和学科外的适度扩展可以更加全面深入地把握高中所学，他山之石可以攻玉，站得高看得远就是这个道理。

会突出学习重点。新高考背景下语数外是非常重要的杠杆学科，要改变语文和英语随便学都可以考得不差的思想，提高面对这两门需要长期不懈积累的学科的标准，当前语数外是最重点要抓紧抓实的学科。

从改变被动听讲开始

期中考试之后，学生进行质量分析时都会反思得失，比较多的总结是学习不刻苦、基础不扎实、审题不细心、考虑不全面、时间不够用、答题不规范等，然后给出自己今后学习调整改进的措施是多看书、多提问、多刷题。但是等到一段时间之后的考试，学生又再次重复以上的得失结论和改进计划，很多同学的学习进展效果依然不是很明显，这是为什么呢？

我认为最核心的还是学生没有领悟到当前新高考素养要求在各学科领域的真正方向，始终找不准、用不对具体的提升学科能力的方式方法。新高考的方向性问题已然成为教师的共识，但是教师在与学生进行考后的深入交流后，普遍发现学生的学习方法还没有完全真正脱离以往传统的应试套路，没有真正把提升自主学习力作为主攻方向来应对新高考能力素养要求。学生在学的过程中如何应对这个共识，是值得我们深入思考和不断探索的。

提升自主学习力包括提升自主阅读能力、自主思维能力和自主表达能力。提升自主阅读能力首先要从改变被动听讲习惯开始。

要知道，老师讲得再好都只是老师的思路和总结，不能成为学生自己的能力素养。举一个简单的例子，游泳教练可以把蛙泳的技术分解为“收翻蹬夹”，并把每一个动作进行精细化的分析，然后串联起来讲解，学员可以全部听懂、背会，甚至可以把每个分解动作都做好，但是一下水就会显得很慌乱，不知道从何做起，在水中把每个分解动作都做得变形了。只有自己跳进水池中去实践探索，不断领悟其中的奥妙，才能形成游泳时下意识的动作，即潜在的能力素养。

被动听老师讲课也是一样的道理，即使是一位口才、专业、师品非常优秀的老师讲课，清晰的思路、精细的分析、全面的总结都只能是“告知”，只能是让学生自己感悟，但是无法形成下意识解决问题的能力素养。长期靠被动听老师讲课，只能是越来越有依赖性。老师讲过的可以套用，碰运气获得正确得分，老师没有讲或练的就无法动笔。因此很多学生就会感受到平时能够听懂，但是考试分数就是不行。

解决这个问题的唯一途径就是要养成“先学—即考—再听—后练”的习惯，即在规定的时间内先自主阅读学习教材，深入分析教材中的文字、图表、数据等信息，形成自己的逻辑理解图谱；将课后练习以考试的方式完成，及时检验是否正确理解并掌握该主题内容；要带着问题再听老师的讲解，明确重点和难点，在老师的启发下拓展新思路。最后针对性地选择训练，提高学以致用的能力。学有余力的学生还可以拓展学习大学相关内容，进一步培养自己面对新情境、新领域，快速理解、掌握新信息、新方法的能力，培养良好的阅读心态和品质，长期坚持下去，自主阅读能力会得到很大的提升。

不断探索科学刷题的方法

进入高中后，很多学生都感受到了学习任务空前繁重，知识容量增大，需要通过大量刷题来巩固提高，因此刷题是学生们提高学习成绩和应试能力必不可少的重要方法。但是当前新高考背景下命题导向是不要机械刷题，那么如何科学地、有效地刷题呢？这的确是值得所有高中生在实践中反复探索改进的。

这些天以来，我一直在和不同层次的学生进行期中考试之后的学法探讨，深入了解他们在刷题前、刷题中和刷题后的做法，梳理他们的成功经验和存在的问题之后，概括出以下日常刷题注意事项。

第一要设定合理的刷题计划，依据各科特点、自身基础、章节难易等制订刷题计划。例如语文和英语的写作需要每周认真写 1～2 篇，数学、物理必须每天按照计划刷一定数量的题目，化学、生物可以适当减少刷题量，侧重于理解与思考，坚持自己的刷题计划可以逐步提高自己的能力。

第二要选择合适的题目。所谓合适就是要符合自己的最近发展区，根据自己现实的学科水平和目标选择适合的题目，从基础到能力做到循序渐进地通过刷题增强，从教材课后习题、老师指定的教辅资料到各地试卷资源，由单一到综合进行逐层递进式训练，切不可拔苗助长。

第三要将平时刷题当成考试。即在规定时间内集中注意力、规范地作答，将阅读、思维和表达三大能力训练融于日常刷题之中，绝对不能在平时刷题时松松垮垮、粗放随意。例如语文作文的训练要在 35 分钟之内完成 800 字左右，其他学科的刷题都是依据题量在规定时间完成。

第四要在每一次刷题完成之后对照标准答案。以考试评分细则的严格标准去评价，反思总结自己在解题过程中的经验教训，思考如何优化解题方法和答题步骤，寻求提高解题效率的最佳方式。切忌刷题之后草草对一下答案，觉得大致是那个答案就算了，这样容易造成刷题的累积精度不高。

第五要深入分析每一道试题。将试题分解成若干个更小的子问题，站在命题者的高度和角度去回归概念、规律和方法，充分地体会命题意图和设问方式，将分析结果作为自身对基本概念、基本规律和基本方法理解的完善，从而从本质上和学科思想上去把控知识板块，沉淀为学科核心素养。

总之，刷题是一个长期的过程，需要耐心和毅力。不要因为遇到困难而放弃，相信自己坚持下去就会取得进步，在遇到阻碍时可以学习他人的解答，了解不同的解题思路和方法，这样可以有助于拓宽思路，提高解决问题的能力，但是一定要内化为自己的理解才能更有效。

引向深度学习才能赢得新高考

总是听老师们在分析学情时谈到有些学生学习很认真，也能够完成老师布置的作业，但是学习成绩就是上不来。深入观察这些学生的学习状态，不难发现这些看似认真的学生其实始终处于浅层学习状态。

浅层学习的一般表现是机械记忆，即对当天学习的知识是停留在一般性理解的基础上的强行记忆。例如背单词、古诗、名词概念、定律公理等，这种方式往往以死记硬背为主，是一种复制型的学习方法。另外浅层学习还表现在浅层加工，即缺乏深度思考。例如仅仅将注意力放在学习文字本身上，仅仅关注字面意思，或者不经思考而接受解题方法的模式化训练，这些均属于一般性的理解。

美国教育心理学家布鲁姆把认知思维由低到高、由简到繁分为六个层次。如果学生的学习只停留在记忆和理解这两个层级，那么学生的学习就停留在低阶思维状态。这种状态其实本质上属于应对任务型的学习，以机械记忆和反复操练为主，学习成果多为复制和套用既定解题模板。

新高考是将学生置于新情境中全面考查高阶思维能力，而浅层学习的最大特点就是长期处于低阶思维训练下的"出工出力但是不能出活"。因此我们要引导学生从浅层学习向以高阶思维培养为目标的深度学习延伸，在理解记忆的基础上，继续向关联、辨析、评价、提炼、应用和创新的层次发展，不能仅仅是以完成当天老师布置的任务为目标。

那么，如何引向深度学习呢？我建议从以下几个方面进行。

要在学习新知识时尝试将其与自己已有的知识和经验相联系，发掘新知识生长的起点和延伸开来的逻辑证据，思考新知识对旧知识是如何拓展内涵与外延的。

要在学习和理解新知识的过程中寻找其背后的模式、规则和精髓，从宏观角度把握知识的内在逻辑，形成自己对系列新知识深度理解的图谱。

要按照单元进行课程内容的整合，通过这种单元整体学习方式，可以将零散的知识点通过逻辑关联、比对辨析、提炼核心来达到整体把握和综合应用。

要借助项目化课题或者情境化试题来探讨知识在实际中的系统性应用，积极参与社会实践活动和专题调查，将知识灵活运用于具体的实践。

要采用批判性思维对知识本身或者常规思路方法进行质疑，寻找更加优化的思维路径和解决方式，避免对知识和方法的机械记忆和套用，培育创新精神能力。

总之，唯有深度学习，才能更加接近于知识的本质，才能搭建高阶思维培养的时空，才能形成较强的分析问题、解决问题的能力，这对新高考核心素养的考向要求是最好的应对。

深度学习过程是发现问题、分析问题和解决问题的过程

新高考强调必须从提高"解答试题的能力"转向提高"解决问题的能力"，最终是为学生终身"做事的能力"奠基，对于基础教育来说这是一个非常重大的转变。因为在以往我们的教学模式都是"去问题化"的模式，学生训练考试的试题也是"精简化"的模式，师生共赴定向重复性的题海，学生在实际社会生活中并不具备较强的解决实际问题的能力和素养。

那么，核心素养导向下的新高考从命题上就采取了源于真实世界、复杂程度高、时代感强的情境化问题设计。所以发现问题、分析问题和解决问题成为学生在高考中必须经历的实战过程，而这个过程的本质就是学生深度学习。唯有在日常教育教学过程中将问题的发现、分析和解决作为常态化的学习进程，学生才能在新高考中立于不败之地。

我们追求的状态应该是教师课堂教学、学生自主学习的联动式转变。即教师的课堂教学设计应该凸显"知识内容"向"学习任务"转化，将传授式教学调整为引导学生发现问题的教学、生成问题的教学、分析问题的教学和解决问题的教学，在此过程中推动学生获得知识和能力。学生的自主学习应该在教师设计的情境中提出问题、归纳问题、理解问题、探究问题和突破问题。因此问题是整个教与学的活力源泉，是贯穿深度学习全过程的中轴线，新知的获取、方法的理解和能力的提升就是在具体情境的问题解决中逐步实现的。

当前，我们在课改实践中不难发现，"满堂灌""以考代练""以考代学"依然是课堂教学的主流。究其深层原因是复杂的，是多方面因素导致一线

教师很难摆脱过去的这些被证明有成绩的方式，但是这些成绩的背后其实是以高能耗低效率作为代价，也越来越不能适应新高考的新要求，如果还在按照以往的做法，只能是牺牲学生健康、异化学生思维、误导学生方法。有些学科教师采取一些貌似改革的新模式，比较“花哨”却不是真正的凸显问题解决的教学，身在其中的教育人深感在本质上推动教与学变革依然困难重重。

作为教育工作者，始终要保持清醒的头脑，除了面对眼前的新高考升学备考压力，还要眼光长远地为学生适应个人终身发展和时代社会发展去改进自身的教育教学。虽然教学进度和补充拓展内容、多年累积的经典习题、越来越难命中的考题和升学期望值攀升等因素成为当前一线教学的主要压力。但是我们依然要保持淡定，以问题为导向大胆地进行基于学习任务项目化、学习过程情景化、学习成果个性化的教与学方式的改革实践探索，真正地把尊重学生在学习进程中的个性发展落实到位，引领学生深层次地独立思考、缜密探索和创新建构，这样的改革实践才是我们要坚守的目标。

备考新认知的强调

高三“九月考”结束了，今天组织教学管理干部研究下周年级组的各项工作。尤其是分析了2023高考命题特点，再次探讨了高考命题的三个根本指南：无价值，不入题；无思维，不入题；无情境，不成题。

大家表示要在第一轮复习中，再次强调备考新认知：

一、怪题、偏题、技巧题等为了为难学生而出的题将不会再出现。高考会把现实中遇到的实际问题搬到试卷上，让学生运用所学知识作答。所以在复习进程中要明确学科内主干知识哪些是真正的有价值，引导学生站在学科高度来思考当下现实生活问题。

二、对思维的考察是今后命题的重点，提升思维具体的措施或渠道是阅读。备考进程中要引导学生从广泛阅读向深度阅读靠拢，从启蒙阅读向专业阅读靠拢。阅读过程既是知识储备的过程，更是学生思考力与自学能力的培养过程，高三复习时坚持引导学生阅读可起到四两拨千斤的作用。

三、所有科目命题都会把创设具体的情境作为出发点。因此，备考要加入以学科历史文化、社会热点事件为情境的课堂复习和命题训练，让学生在新的情境中去整体把控学科知识体系的理解和应用。

总之，今后想靠死刷题的备考方法取得高分是不可能的。要把大量的时间和精力用在学科主干知识的构建，然后在此基础之上用新情境、有价值的现实问题作为学生核心素养培养的内容，这样才能够适应新高考要求，真正使复习备考事半功倍。

高三第一轮复习的“三性”要求

高三“九月考”是全市第一次统一考试，是明确起点在哪里的一次重要考试，成绩与排名具有非常有价值的诊断意义。虽然学生目前还没有全面复习，基础知识、学科能力和考试心理也都还没有磨炼到最佳状态，但是可以从调考的考况分析中得出学生的目标意识、备考效率和意志品质的高下，对高三第一轮前期初步复习的策略进行有效调整，也就是再次明确“在哪里、去哪里、怎么去”三个核心问题。每年高三“九月考”之后我都要给学生做出复习要求的“三性”指导，这是高三第一轮复习能否落实的关键。

1. 强大的内驱力是高三复习备考的前提(主动性)

新高考越来越高的选拔难度，特别需要学生在面对高三复习备考时有非常强的主动性，而这个主动性就是引导学生有强烈的“我要”情绪。为了充分调动学生的主动性，我们要把人生规划、高考目标和备考计划三者有机融合，让学生进入“目标明确、宁静致远、细致谋划、有序调整”的高三备考氛围。

面对高三起点考试的成绩数据和学科问题，学生需要意识到：没有找准问题的复习是走过场、没有深度反思的整理是假复习、没有具体举措的决心是蒙自己。针对2023届高考数据和“九月考”成绩，应合理制定高考目标校和目标专业，更加争分夺秒地主动投入。

2. 科学的学习力是高三复习备考的核心(高效性)

学习力的磨炼是整个复习备考的核心，是应对新高考新要求的必备。第一轮复习中不能仅仅停留在知识点的简单重复，一定要做到温故而知新，不断在新情境中用熟、用活，加深对基本概念和规律的深刻理解；在复习过程中始终围绕培育有效阅读能力、质疑创新能力、探究建模能力、规范表达能力来提升学科素养，同时要用高质量的选题训练来保障这些能力的达成。

3. 坚强的意志力是高三复习备考的保证(持续性)

复习过程中的意志力是持续完成复习任务的精神支柱，如果在取得阶段性成绩时忘乎所以、在困难挫折积压时颓废茫然，那么所制定的计划和目标都将成为纸上谈兵。提倡学生要有马拉松精神来持续战斗，要有钉子精神把基本考点和学科规律牢牢地钉到位。第一轮复习时间比较长，各种心路历程将接踵而至，这个时候就要看谁顶得住。曼德拉说：生命最大的荣耀不是从来没有失败，而是每次失败后还能不断地奋起。因此，唯有坚持不懈地拼到高考结束才有最终好的结果。

高三第一轮复习的高质量就是落实“三个充分”

高三“九月考”之后，通过市教研室学科评价报告、备课组的研究探讨、答题卡的数据分析、学生的个性化谈话，我们已经非常清晰地诊断了本届高三在当前阶段的现状。年级组、备课组和个人也都对下一阶段的复习备考制定了详细的目标、计划和举措，接下来就是在为期3～4个月的时间里落实第一轮复习备考的任务。为此，校长室提出落实“三个充分”来确保第一轮复习的高质量。

充分准备。要在深入研究的基础上做好课堂复习、章节训练、个性化辅导，要打有准备之仗。研究的方向重点放在高考题与学科核心素养的关系、高考题与大学学科要求的关系、章节训练与高考必备品格和关键能力要求的关系、复习内容与目标生存在问题之间的关系等。只有静心专注地做好研究准备，才能科学地设计好每一节课的复习目标和教学方法，才能高质量地布置每一天的章节训练，才能精准地对目标生进行有效辅导。

充分调动。要把全员育人的理念贯穿于整个高三复习备考过程之中，在班主任和科任老师齐心协力、共同加力的氛围下，充分激发学生的阶段目标意识，充分引导学生以昂扬的斗志书写每一天的精彩，充分鼓励学生在每一节课上、每一次训练中积极投入，充分肯定学生在每一周课堂表现、学科周测中取得的点滴成绩，营造“团结、紧张、严肃、活泼”的备考风貌。

充分训练。要把精心选题、科学训练作为高三第一轮复习的“核武器”。备课组要常态化组织老师学习高考评价体系和2023年高考试题分析，对现有的高三第一轮复习资料进行大胆的删减和增补，对备课组补充印制的拓展训练卷进行质量管控，学科老师可以根据任教班级目标学生的实际，创造性地实施个性化训练。特别要注意加强语文和英语写作能力和规范的训练，写作训练的频率要求适当提升，规范书写和素材积累要在第一轮复习进程中落到实处。

总之，做到了“三个充分”，就是把第一轮复习备考落实了实处，就一定会在下一次调考中看到变化。

如何才能在考试中最大限度实现得分

近期学生们都在紧张地按照老师的复习计划进行章节复习，同时各科的单元卷和综合模拟卷的强度也在加大，很多学生也正在适应这种考前高强度的模拟训练。

学生的差异性比较大，部分学生学科基础和能力不强、做题速度比较慢，导致每天完成老师布置的试卷作业和背诵记忆作业需要用非常多的时间，因此晚上熬得比较晚，到了第二天精神状况就不好，也会影响上课听讲的效率。尤其对于新进入高一的学生来说，这种现象在考前会普遍存在，需要在经历多次这种考前训练之后，学生才会慢慢找到适合自己的应对方式，最终达到既能完成老师的任务和自己的计划，也能管控好学习和休息的时间。

不过，除了考试常规要点之外，还是要对学生们在考前和考中给予以下重点建议，以期获得最大的复习效果，并实现最大限度的得分。具体建议如下：

一、考前

1. 梳理各科考试内容。对即将考查的内容进行细致的整理，以自己平时作业和考试得失分析中显现的薄弱点为依据，确定考前复习的重点章节，把老师反复强调、考试经常出现、自己总是出错的知识点和特定方法找出来，制订可行的计划，确保在考试前对知识点有充分的掌握。

2. 运用有效复习方法。要摸索出适合自己的有效学习方法来做好复习工作，该记忆背诵的一定要高效率地抢记抢背，该认真回顾教材记下规范表达的一定要逐字逐句地阅读教材，该熟练掌握的基本方法一定要通过考前强化训练达到运用自如，对于特别难的问题可以根据自身实际进行删减。

3. 科学使用模拟试题。做模拟试题是用来检验自己的学习成果，找出自己的薄弱环节并针对性地进行改进的重要环节。但是一定要科学，每次模拟试题训练首先要明确其目的是什么，是考查什么知识点和方法，其次是要在评讲订正过程中进行深刻的反思，一定要把出现的问题想通透。

二、考中

1. 整体把控考试时间。拿到试卷后用 5 分钟时间对整套试卷进行大致浏览，粗略区分出有把握和没有把握的题目并做好记号，不被试题自身顺序所限制。以得分为目的，将考试时间进行合理分配，确保能够拿下的题目在合适的时间内完成，不能立刻搞定的题目要分配出充分的时间去思考和作答。

2. 合理应对各类题型。现在各科试题难度顺序设定都是波浪起伏型，放在后面的题目不一定是最难的。所以建议把第一卷选择题中简单的、熟悉的先行做完，让思维活跃度打开。然后考虑应对第二卷的大题，用最清醒的大脑、最充沛的精力将该拿下的大题都拿下，此时带着成功的心态去攻克最难的选择题和大题的后几问。

3. 切实保持专注冷静。考试中遇到难题是再正常不过的，无须在考场中浪费时间去焦虑，始终保持专注与冷静；要仔细阅读题目信息，确保自己理解题目要求，不能采取随意机械套用以前好像做过的方法，要结合试题背景，回到基本概念和规律的起点，用学科知识和思想来分析解决问题。

其实，考试成绩并不一定能够体现学生的真实水平和能力，因为考试有很多偶然因素在起作用，所以不用过于对平时某一次考试成绩进行定论式的评价。但是，要积累多次考试的经验和教训，以期达到考试成绩能够最大限度地接近自己的实力，这需要多次强化训练、反思调整和改进提升，不能着急，要循序渐进地去锻炼成钢！

高三顶尖生的培养举措

每年高三“九月考”之后都要根据全市大数据确定顶尖生团队，然后进行精细化的指导培训，向全市前 10 强冲击。近些年来我校在顶尖生培养中积累了很多宝贵的经验需要梳理，下面就 2024 届高三顶尖生培养的具体举措说明如下：

一、成立清北专班，明确工作目标

1. 校长主牵头全盘工作，分管校长和年级主任负责组织，两位班主任、学科指导教师、高考专家(跨年级、跨校际)作为专班成员，下发聘书，纳入高三高考绩效和终端奖励考核体系。

2. 根据多次考试成绩和学生升学规划，确定 9 名清北第一战队，作为统招计划和北大医学部的后备人选，其中物理方向 6～8 名，历史方向 1～2 名。尤其是报考北大医学部的学生要提前进行动员和规划，确保高考后能够坚定志愿填报。

3. 高考顶尖生目标：达到清北院校专业组控制线 5 人以上，裸考清北统招 2 人，北大医学 1～2 人。另外牛津剑桥 2 人一并作为本届成绩。

二、制定精细方案，逐月实施推进

1. 工作专班组织教师以九月考试卷为基本，瞄准高考要求，逐个详细研究目标生的情况，从高考目标、备考态度、学习方法到各科板块知识、学科能力进行精细化分析，提出每个目标生个性化的阶段培养措施建议。从九月考后开始采取一对一的方式给目标生提供最优教育资源，每周安排个性化学科薄弱环节的指导，尤其是要加强语数英的突破。

2. 校长担任清北集训营副班主任，全面协助班主任做好集训营的团队管理和思想调动工作，组织班主任和科任老师制定每周活动方案和教学计划，每周五下午召开碰头会，研判本周完成情况并进行适时调整，协调各科教学安排，检查目标生各科的每周漏洞，同步抽查其他学生，把每周的目标落到实处。

3. 集训营要突出学生精气神的全面调动，在备考气氛形成、活动开展、学法指导、心理调节、身体锻炼等各方面进行综合培养。每个月聘请校外专家到集训营进行生涯规划教育、复习备考方法和心理健康教育指导。不定期组织学生校外参观学习，适时开放基地班公寓提供学生在校集中学习管理。

4. 优化课堂和训练，提高复习的针对性和效益。每周与学生及时沟通，调整复习备考方案，在集体备课基础上进行进度与训练的调整，从课堂到训练注重有效阅读能力、质疑问题能力、探究建模能力、科学表达能力的系统性培养。提供学生自主思考和探究的时空，加强整体答疑，帮助学生解决学习中遇到的问题。

注：照片中和作者合影的学生为 2023 届毕业生陈华宇同学，以裸分 704 分考上清华大学。

高三顶尖生个性化培养策略

高三"九月考"结束之后，老师和学生都深入分析顶尖生的答题情况，从知识点、解题思路、答题规范和考试心理进行了细致的反思回顾。清北集训营组织部分学生代表利用主题班会进行了交流。下周即将进入班科质量分析会，明确目标生的学科重点，制定9月至11月之间的备考举措。特别提请老师们关注以下工作的思考和落实。

1. 班科会之前准确掌握学生的问题、需求和目标

近期抓紧考后热度，采取一对一方式与目标学生进行九调考况的沟通和交流，将每一道题尤其是错题的解答过程进行复盘，把控学生学科整体的强项和弱项，客观归因学生在九调试卷中暴露出的问题，深入了解学生下阶段他本人最迫切的复习需求、备考困惑、心理状态和阶段目标。有针对性地帮助学生制订个性化的备考计划和策略，包括章节突破重点、学习时间安排、资源方法确定等内容。

2. 确定双导师制，研究一对一精准及时高效的辅导方案

顶尖生班科质量分析会采取6＋1形式召开，六位科任老师和一位目标生围绕解决问题、制订方案来细致探讨每位目标生的个性化学习计划。通过协商明确一对一的双导师辅导人选和任务，以期达到在备考过程中为目标学生精准、及时、高效地解决复习中遇到的问题，努力提高备考效果。

3. 浓厚班级备考氛围，实施德智体美劳全方位备考

班级整体全方位备考是各类目标生成长发展的保障，更是顶尖生脱颖而出的要求。要将德智体美劳和心理健康的要求精心转化为丰富多彩的晨训、读报、主题班会和学科特色活动。引导学生逐步进入"敢于问鼎目标、积极向上拼搏、温馨宁静投入、心态沉着稳定"的复习状态，鼓励互相交流、相比相携、良性竞争的班级复习氛围，通过细心观察学生的状态，采取多种形式持续推动学生复习内驱力的提升。

4. 把培养四大能力作为课堂复习训练和指导学生自主学习的宗旨

新高考命题的根本宗旨就是考查学生四大能力，即有效阅读能力、质疑反思能力、探究建模能力和规范表达能力。语文和英语的阅读和写作训练是顶尖生排名前移的关键，要细化到从现在开始学生训练所使用的作文答题卡都应该和高考一致，每周一定要有恰当的练笔频率；对于数理化生要突出引导学生回归学科基本概念和规律、思想方法的深刻反思。既要保持一定强度的解题训练，又要坚决克服把学生引向同级思维层次、模式化的反复操练。

要多次反复研究高考真题的思想精髓，对照大学最需要的学科素养来设计课堂精讲内容，精心选题训练。只有这样高质量的课堂引领和解题训练才能真正把学生的能力培养出来，顶尖生才能够有所突破。

提高语文成绩是备战高考的一把利剑

新高考背景下，语文学科的重要性空前提高，得语文者得高考。以2023届“九月考”为例，从115分到95分每5分一段，名次下降分别为400名、1500名、3000名、5000名左右；反观数学从135分到115分每5分一段，名次下降分别为80名、280名、560名、810名左右；英语从135分到115分每5分一段，名次下降分别为400名、1000名、1600名、2000名左右。也就是说语文每多1分，位次将比数学和英语要前进很多，是一个真正高利害杠杆的学科，所以分分必争是语文学科最大的特点。

这次“九月考”的语文试题是贴合高考考向的，对学生的阅读理解和表达能力要求较高，在回归课本、审题思路以及表达规范方面都做了非常细致和明确的要求。只是学生目前能力水平还达不到这个高度，再加上阅卷标准比较苛刻，所以绝对分值都不是很高。但是我们要求学生必须把提高语文成绩作为备战高考的一把利剑，注重从以下几个方面来做好复习工作。

1. 夯实语文基础知识。要通过回归教材，熟练掌握语文的基本知识，多进行常考基础知识的整理归纳，该记该背的一定要落实到位，持之以恒地做好基础积累，争取基本知识少有漏洞。

2. 提高阅读理解能力。要多做阅读理解题，培养自己的快速阅读和理解能力。要强化从文章中获取关键信息、把握文章的主旨和作者的观点的能力，将有效阅读能力培养作为语文复习的重要环节。

3. 坚持锻炼写作能力。要多读各类文本素材和灵感，以高考真题作文为训练热点，确保每周至少一篇高质量的写作练习，要在文章的结构、逻辑性和语言表达上多下功夫，不断总结写作经验，形成稳定而独特的文风。

4. 增强古文鉴赏能力。要多读古文名篇，感受古文韵味，熟悉古文的语言特点和修辞手法，从字、词、句、篇等方面进行深入的分析思考，理解作者的思想和创作意图，研究高考真题中命题的特点。

5. 培养良好的答题规范。要把平时的每一次作业当成考试，养成认真审题、规范答题的习惯，冷静分析，理清思路，逐步解答，注意对易错题进行规律总结，要持之以恒地做好字体美化的训练，这是得高分的又一秘诀。

增强有效阅读能力的策略

没有好的阅读习惯和兴趣的孩子，长大后成为卓越人才的可能性几乎为零！

没有有效阅读能力的学生，文化课程学习达到优秀的可能性几乎为零！

从当前“三新”背景下学科核心素养导向的高考命题要求来看，得阅读者得所有学科的高分。阅读能力是三大关键能力之首，是思维能力与表达能力的前提。很多学生在学习新知和复习备考进程中因受制于阅读能力不强而导致发展受阻，学科成绩长期无法突破。因此，增强有效阅读能力是所有学科都要高度重视的首位目标，我认为，培养与增强有效阅读能力有两个策略。

一、拓展阅读视野

没有广泛阅读素材的涉猎就没有宽广的认知角度，即博览群书才能拓展视野。新高考各学科阅读材料从内容上看，早已跳出“文学”的范畴，涵盖日常生活、名人轶事、时事政治、社会历史、经济金融、医学环保、科技成就、学术文献等多类主题。从呈现方式上看，各学科还可将图片、视频等作为阅读载体，读图能力比文字阅读能力要求更高，需要分析转换、总结提炼、抽象概括，是一种更高等级的阅读要求。因此，平时要坚持不懈地进行丰富素材的阅读积累，熟悉不同类型素材的阅读技巧和方法，才能够在海量阅读命题中驾驭各类文本的理解方式和处理方式。

二、强化阅读思维

没有深入分析思考的阅读就是没有价值的阅读。阅读过程中一定要伴随着分析与思考，分析作者的主旨大意、行文逻辑、重要观点和新颖创意，在分析过程中要进行思维的二次加工，通过关键信息的梳理、新旧知识的关联、深层观点的挖掘、作者意图的反思、多角度的探究和创意的发散迁移等思维活动来高质量完成阅读过程中的思维训练。同时也要不断提高单位时间的阅读量，锻炼阅读中的思维敏捷性和灵活性。更重要的还是要揣摩作者情感，做到融情于作品之中，从心灵深处去感悟文本表达的意境，不断厚植丰富的政治情怀、人文情怀和哲理情怀，培育文化欣赏的品味，接纳高尚灵魂的滋润。这样入脑入心的阅读才是有效的阅读，将会带来更加丰富的思想，启迪更加智慧的思维。

正如苏霍姆林斯基所说，学生的智力发展取决于良好的阅读能力。所有学科能力的提升都依赖于发展有效的阅读能力，当你困扰于学业的停步不前时，请开始带有思考地阅读吧！

高考备考不能没有体育锻炼和比赛

高三复习备考任务紧压力大，天天关在教室听课或者在家里做卷子，对学生身心健康会造成一定影响。回忆我们当年读高中时，除了紧张的学习之外，每天都有丰富多彩的活动和体育锻炼，所以才有今天应对繁重工作、复杂处境和较大压力的素质。尽管有一些不同意见，但我还是坚决把高三学生的体育锻炼与实践活动放在重要的地位，并确保落实这个想法。

结合高三学生坐在教室的时间相对较长、运动量没有高一高二大、不能组织过于激烈对抗比赛以免发生意外伤害等实际情况。我倡导组织“三新一老两只花”班级排球联赛。（“三新”是指三名男生，“一老”是指学生邀请本班一名老师，“两只花”是指两名女生）

在与干部们和班主任谈及这项活动的开展时，我也特别强调了活动的意义。由于秋冬季气候冷暖变化无常，近期各种流感和支原体肺炎流行，很多学生坐在教室里发高烧，说明孩子们的抵抗力不行。应该通过参加体育比赛锻炼身体素质，提高心肺功能、肌肉力量和耐力，关键是增强体质和耐受力，为高考备考提供良好的身体基础。

另外，高三学生面临着巨大的学习压力，参加体育比赛可以让学生暂时从繁重的学习中解脱出来，释放压力，调整心态。无论是否上场比赛，全班同学齐上阵，比赛的比赛、助威的助威，大家齐心完成比赛。这有助于培养学生的团队精神、竞争意识和协作能力，如果比赛赢了，可以增强孩子们的自信心，使他们更有信心面对高考这一人生重要关卡。如果比赛输了，可以培养孩子们坚韧抗挫的意志品质，引导他们克服困难，从头再来。

从第一场比赛开始到现在，我们观察到，在排球联赛的过程中，高三学生们个个激情投入，喊的喊、叫的叫，男生女生都是在欢快的比赛中淡忘了烦恼、舒缓了紧张、释放了压力。每个班级的比赛进程中都涌现出一批得力干将，他们的组织和协调能力得到充分的展示，孩子们也在比赛中拓展了人际交往，提高了沟通能力。看到他们在比赛活动中的青春风采，我发自内心感到“这就是我希望孩子们成长的样子！”

附：2023 年十一中校园排球联赛规程

一、主办单位：武汉十一中。

二、比赛时间：2023年12月—2024年1月。

三、比赛地点：排球场。

四、比赛主题：三新一老两枝花，体强心健双手抓。

五、参赛班级：

高三年级各班代表队。

六、竞赛办法：

第一轮比赛采用分组循环制，按班级报名分成四个组（A\B\C\D），然后进行各小组循环比赛，最终各小组前两名出线。

第二轮比赛采用交叉淘汰制，各组第一、第二分别交叉完成比赛，获胜者晋级四强。

第三轮比赛采用交叉淘汰制，第二轮比赛胜者交叉完成比赛，获胜者晋级决赛；负者则并列第三名。

第四轮终赛决出第一名。

七、竞赛规则：

除下列特殊规则外，比赛均按照最新国际排球规则执行。

1. 场地：标准的排球场地

2. 胜负：比赛分为三局两胜，每局先到15分的队获胜；双方每局各有一次暂停时间（遇有队员受伤，裁判员有权暂停比赛），每次暂停时间为30秒。

3. 人数：比赛双方报名人数为2女3男1老师，如无老师参加可替换为3女3男。各队选手服装自备，要求统一。上场比赛球员必须身体健康，并有学生保险，隐瞒身体疾病者出现任何问题举办方不承担任何责任。

4. 发球：男、女生分别在指定区域发球，各方的六名球员轮流发球。

5. 重要提示：班级比赛前各班提前准备比赛需要的一切物品，包括队服、饮用水等。比赛中应绝对服从裁判，以裁判员的判罚为最终决定。其余规则参照国际排联颁布的最新排球规则执行。如有任何不服从判罚的情况出现，裁判有权中止比赛，责成整改，依然不改者直接判负，计0分处理并取消资格。

八、奖励办法：按最终获胜的名次决出年级前三强，设冠军一名、亚军一名、季军两名，前八名分别颁发获奖证书。

九、赛程表（略）。

如何提高作业的价值

清华大学附中王殿军校长曾说过：从一个教师如何对待作业能看出教师的教学理念和职业品格，从一个学校如何对待作业能看出这所学校的办学理念和治教水平。开学不到一个月，除了课堂教学之外我依然很关注各年级的作业布置和反馈，有必要再统一认识，不断增强对作业的价值追求。

作业是教学的重要环节之一，对于学生来说，其作用是巩固课堂所学知识，加深对教材的理解和记忆，通过各类型作业的训练提高应用能力，培养自主学习、解决问题、时间管理的习惯和素养；对于老师来说，其作用是促进学生对教学内容的内化，督促学生保持良好的学习状态，及时发现教学效果如何，便于调整教学方法和策略。

作业的价值追求应该是师生共同的目标，因此科学的作业布置与反馈是一个负责任的老师不断研究琢磨的重要课题，绝对不是简单地把教材和教辅后面的作业按照教学顺序交给学生训练，然后收上来批改讲评就可以了。要真正提高学生在有限学习时间里的作业价值，切实做到训练到位又能减负增效，还需要从以下布置和反馈两个方面落实。

1. 设计有质量的作业

要根据学生实际和教学内容实际来设计高质量的作业，在作业量控制、题型多样、难度阶梯、完成形式等方面进行综合考虑。强调从基础到能力、从方法到规范、从能力到素养进行循序渐进的作业设计。要大胆地删减教辅资料中低效甚至无效的训练题，增补有针对性、挑战性的鲜活习题练习。除传统书面作业外，可以利用如小组合作研究课题、实验项目探究等形式来布置作业，促进学生广泛涉猎相关学科信息，拓宽认知视野，提升学习研究兴趣。要鼓励学生关注社会生活，积极开展来自生活实际的自主探究活动，指导学生查询资料解决问题，培养发现问题、分析问题和解决问题的能力。

2. 提供及时的作业反馈

要在学生提交作业后尽快批改并给予反馈，让学生能够及时了解自己的学习情况，及时纠正错误。在批改作业时尽可能采取激励性语言和等级评价，让学生不断建立自信，同时高度关注学生的作业规范性，以此来促进学生对待学业正确态度的建立。要对学生整体上存在的问题进行补偿性作业再设计，尤其是在起始年级和高三基础复习阶段特别要强调一步一个脚印走实。要建立学生作业档案和辅导机制，采取作业思维过程一对一的个性化分析和指导，深入了解学情，帮助学生规划合理的成长轨迹，为学生的发展提供更全面的支持和帮助。

上课听懂、作业完成就能得高分吗

"老师，我每天上课都听懂了，作业也完成了，为什么考试的分数就是不高呢?"这是历届刚进高中的一部分学生经常疑惑的问题。

也难怪，小学和初中的课程门类不多，学科内容不广，考试试题除了数学有些难度以外，其他学科对于能够认真复习记忆、能够进行基本套用方法且稍微有一点思维能力的学生来说，靠上课听懂、课后完成作业就可以较为轻松地拿到高分。但是，如果以这种学习习惯和方式来应对高中所有学科学习，就相当于万里长征只走了第一步。

要明确高中学习具有以下三大特点：其一，学习内容是爆炸性生长的。即教材和上课讲的内容只是最基本的概念、原理及其常规性应用，不能满足学 1 就是 1，学 2 就是 2，还要学会由 1 扩展衍变到 2、3、4 或者更多，而且随着模块增多，学习内容还会继续产生新的关联，不断扩展认知和应用范围；其二，学习节奏是远快于义务教育阶段的。高中阶段由于老师需要补充和拓展教学内容，往往是每一节课都是新知或者专题，每天各学科的容量非常大，消化、吸收、内化、熟练这四个阶段的可用时间很短；其三，学习考核是新情境下的高强度。高中阶段基本没有简单重复再现式的考试题，取而代之的都是新情境下大阅读量应用考查，强化了比较辨析、判断评价、创新应用等高阶思维，对学生考试技巧、时间管理和临场心态也相应提出较高要求。

所以上课听懂了、作业完成了不等于完全掌握了，更不等于立刻就能得高分。要想在高中取得好成绩，需要持续努力全面提升自己的学习能力和素质。以下是一些建议：

1. 适度超前自主学习教材，把握教材知识的基本脉络，自主描绘知识图谱。课堂上重点要听老师所讲的关键中的关键，将重点内容和关键要点记录下来，并在课堂上跟随老师去揣摩和探究知识的来龙去脉以及学科思想方法，以此把有限的注意力和思考力用于提高课堂听课的有效性。

2. 课后及时整理课堂笔记，加深对基本知识的记忆和理解。通过在规定时间内完成老师布置的练习来检验自己对知识的掌握程度，同时也可以发现自己的认知盲区和思维堵塞之处，再次逐字逐句阅读教材，借助与所学内容相关的教辅资料或者大学教材，有针对性地进行补充学习和练习，要靠自己想通而不是老师讲通。

3. 针对老师提出的重难点制订学习计划，持续性进行知识和方法的内化。很多抢记抢背、听懂后的方法套用都是不稳定的认知结构，每个人要根据自己确定的重点方向和实际能力，通过强化训练后的思维路径、思维方法的反思总结，将所学的概念、规律和方法不断内化为稳定的解决问题能力。

4. 定期回顾所学内容与自我检测，按照规定的时间进行解题速度和考试心态的训练，对检测中暴露出的问题进行深度分析和补偿性训练。不急不躁一个点一个点地突破，不断总结属于自己的学习经验与方法、考试技巧、考场时间管理和考试心态，“三从一大”(从难、从严、从实战、大运动量)原则依旧适合绝大多数学生的应试能力训练。

由于高中各个阶段的学习内容、考试范围和试题难度都不一样，学生对各学科各章节的喜爱程度和投入精力也不完全一样，所以每次考试的分数高低、排名会有所不同。学生和家长切不可把一次考试成绩的进退作为终极结论，考好了要总结，考得不好更要总结，要从学习态度、学习方法到考试技巧上持续进行扬弃，把每一阶段都抓得扎扎实实，这样整合起来到了高三就相当有功底了。

从高考试题看日常化学教学的方向

高考化学试题是监测高中化学教与学的重要手段，试题命制的权威性和典型性为高中化学日常教学提供了重要的参考。最近，笔者再次深研近两三年化学高考试题，有以下对日常化学教学的四个启示。

1. 关注化学发展前沿，挖掘化学学科价值

高中化学学科的育人价值是化学学科对社会价值、个人价值、学科自身发展价值的全面彰显。具体来说，就是高中化学作为科学学科，要体现其经世致用的特点，要从科学态度、学科素养等方面讲解化学学科进展、培养科学精神。

学科育人价值不是空洞地灌输，而是要通过课堂教学中教师潜移默化、润物细无声地浸润。教师要关注化学学科发展史，着力研究前沿知识，特别是我国的化学史和研究前沿，并在教学中一以贯之，以此激发学生的化学学习兴趣，激发学生继续从事化学相关专业学习的兴趣。例如在“物质的量”教学中，教师不仅需要查阅文献，了解物质的量、阿伏加德罗常数等概念发展的来龙去脉，还需要了解最近有关物质的量定义变化等现代前沿知识，更需要关注我国古代与原子等相关的哲学思想，将其渗透体现在教学设计中，并贯彻实施，这样才有利于化学学科价值的充分挖掘、渗透。

2. 重视学科方法素养，强化高阶思维培养

高考考查学生的核心素养已是大势所趋，化学高考试题以学生的化学核心素养发展为导向，以学生的化学核心素养测评为宗旨。高中化学学科核心素养突出对学生学科思维，特别是高阶思维的培养。随着教学和考试测评情境的问题化、真实化，学科问题解决和试题测试不再依靠传统的对学科知识的死记硬背来解决。细看每套高考试题发现都含有大量陌生的问题解决情境，所以发展学生的化学学科核心素养，培养学生解决陌生情境下不同复杂程度问题的能力，已成为“素养为本”化学课堂教学追求的重要目标。陌生情境下复杂问题的解决，需要学生具有较强的化学科学思维能力，尤其是高阶思维能力。在高中化学教学中，对教学进行情境、活动和问题解决“三位一体”的整体设计则是培养学生高阶思维的必然途径。

3. 注重教学情境创设，聚焦真实与问题化

学生在真实情境中的问题解决学习是发展化学学科核心素养教学的3个关键之一，有关教学情境的研究也是当今化学领域的研究热点。近年来的高考化学试题陌生感强但真实存在，高位起点却低位落点，学生需要在崭新的问题情境中调用储备的化学知识与方法并结合新情境中的信息去构造解决问题的方案，试题都是真实的化学生产、生活的情境。这样真实的、富有价值的问题情境，将学生的学习与生产生活实际问题解决紧密联系在一起，增强了学科学习的画面感，强化了学生在情境问题解决过程中的迁移能力及高阶思维的培养。

当前化学教学中，教学情境与教学目标的联系还不够密切，如教学情境缺乏对学生高阶思维的生成性培养；情境素材单一，学科核心素养过程性的培养还有待提升。构建真实且富有问题的教学情境是十分迫切的，它既是新课标的应然规定，也是高考测评的实然要求。因此，高中化学教师在教学过程中，一是要整合研究教学情境的结构、功能、评价标准，防止情境创设中目的的随意性，如情境创设只是为了迎合比赛需要，平时上课不需要；结构的不完整性，如情境中没有真问题，为了情境而情境；功能的片面性，如情境创设仅为了吸引兴趣等，这样才有利于学科育人价值的实现。二是要根据教学实际，挖掘真实的情境问题作为教学情境创设的素材。三是要整合情境素材，进行教学情境的整体设计。一节课中多个教学情境，相互之间“东一榔头西一棒子”零散式的创设，不利于教学功能的实现，相反应该在主线的串联下统筹考虑，相互之间各司其职，环环相扣。

4. 回归化学知识教学，培养运用迁移能力

化学知识是化学问题解决的工具，学生化学学科核心素养的培养是在运

用化学学科知识解决化学实际问题中进行的。这三年高考化学试题所考查的知识要点分布较为稳定，不同试卷在学科知识上还是有明显差别的，不同试卷涉及的学科知识既有相同部分，也有不同部分。教师在教学中要认识化学学科知识的考查工具功能，认真梳理新课标、新教材和高考试题中的学科知识，理解对学科知识的要求、呈现方式、呈现特点、教学功能。在教学中，回归化学学科知识教学，以其为工具，培养学生对化学学科知识的迁移运用能力。例如在“氧化还原反应”的教学中，氧化还原反应的定义、本质，常见的氧化剂和还原剂等仍是教学中需要重点讲解的知识，不同的是，相关知识需要在教学情境中通过问题的迁移解决，来实现掌握、迁移运用。

高考语文现代文阅读能力提升没有捷径

今天与高三尖子生分析学科薄弱点时，他们都谈到了语文的现代文阅读，普遍认为现代文阅读选择题容易丢分。有同学说没有立竿见影的办法，他们征求我的意见，如何才能提升现代文阅读答题的准确性。我的专业不是语文，但是我从现在的语文高考试题的粗略分析中体会到，高考语文现代文阅读能力的考查是一个复杂且多维度的过程，涉及的文本类型相当丰富，选材都是立足课标，依据教材，联系课外，考查方式非常灵活。学生不仅要掌握课本内的知识，还要能够将所学应用于课外的实际阅读中，对学生的逻辑思维能力考查非常深刻。

与语文老师深入分析后发现，高考语文现代文阅读选择题失分原因可能有：阅读理解能力不足，在阅读文章时不能准确理解作者的意图和观点；做题时只是简单地看题目，没有深入理解题目的意思，没有仔细分析每个选项，只是凭直觉或者感觉选择答案；在阅读文章时没有把握好文章的结构，导致无法准确地找到答案的位置；等等。

通过向资深的高三语文老师请教，针对学生普遍存在的以上问题，我建议学生们从以下答题技巧和方法上进行改进：提高阅读理解能力，多读精读各类型文章，深入分析文章的字词句，提高自己的阅读速度和理解能力；加强题目深入理解，在做题前要仔细阅读题目，确保自己完全理解题目的意思；仔细分析选项，在做题时要仔细分析每个选项，不要凭直觉或者感觉选择答案；把握文章结构，在阅读文章时要把握好文章的结构，这样可以更快地找到答案的位置；加强词汇和语法的学习，通过学习词汇和语法，可以提高自己的语言能力，更好地理解文章的意思。

其实，提升现代文阅读能力必须有一个积累的过程，所以建议无论哪个年级学生首先要高度重视积累，没有积累，再多解题技巧也是白搭。从起始年级就要开始增加阅读量，提高词汇量，对字词的含义要学习到位，熟练掌握如预测、推理、总结等阅读技巧，帮助理解文章的内容和结构，平时要有计划地做阅读理解题，提高解题速度和准确率，课下积极参加阅读讨论，和同学一起讨论读过的文章，提高理解能力和表达能力，养成写读书笔记的习惯，强化理解、概括和分析文章内容的训练。

总之，现代文阅读能力的培养没有捷径可走，学生必须持之以恒地通过广泛阅读、专项训练、反思总结才能逐步提升能力，俗话说，量变才能质变，在这个专题上只能老老实实地去走该走的路。

学习高考标答和评分标准的重要性

在新高考核心素养考向的背景下，以知识点作为复习索引主线的做法不是很奏效了，必备知识和关键能力的考查是基于教材但不拘泥于教材。如果埋头刷题的学生们不能积极思考怎样避免自己在题海中空耗体力而原地打转的现象，那么复习的效率会大打折扣。因此，我不仅倡议老师要学习标答和评分标准并将考查精髓渗透在复习课中，而且建议所有的学生也要深入学习高考标答和评分标准，充分体会和感悟新高考命题的关键之处，更好地指导自己有针对性的突破。

学习高考标答和评分标准的重要性主要体现在以下几个方面：

1. 真切体会命题方向。新高考基于情境的设计，侧重于思维能力的考查是当前命题的新动态，而这个变化是无法用套路记忆、机械刷题来应对的，通过学习高考标答和评分标准，就可以比较清晰地了解到命题人是如何在情境中去设问的，是如何在考查学科思维上来做文章的。只有反复体会、反复研究标答，才能真切感悟到素养导向的命题方向。

2. 更加有针对性地复习。通过学习高考标答和评分标准，可以了解到哪些知识点和题型是常考的重点，哪些情境设计和题给信息是解答的关键，哪些是自己的漏洞短板，在充分把握近3～5年高考走向的基础上来制订复习计划，从而在每一阶段有针对性地进行复习，提高复习效果。

3. 有效提高答题准确性。了解高考标答和评分标准有助于更准确地把握题目要求和基本逻辑套路，避免因理解错误而导致答案偏离正确方向，同时也能更加明确自己的解题思路是否简洁，避免在不必要的地方花费过多时间，从而提高答题效率和准确性。

4. 培养规范的答题习惯。通过学习高考标答和评分标准，可以促进平时的考试中答题规范，养成良好的答题习惯，这种习惯在高考中会发挥重要作用，同时也在答题时会更加有底气，对自己的答案更有信心，有助于在考试中取得更好的成绩。

总之，学习高考标答和评分标准对于提高学生的考试成绩具有重要意义。学生应该重视这一方面的学习，努力提高自己的答题水平和应试能力。在学习过程中重点关注以下三个方面：评分细则：了解每个考点的评分标准，如满分、扣分项等；答题模板：不同类型设问的答题模板，把采分点的关键和思维逻辑搞明白；规范表达：主要依据教材，严格按照教材中的表述来进行。

复习备考中规范意识的强化

高三备考进入中期，是时候要给学生梳理一下前段时间复习中存在的问题了。我认为应该再次从规范意识的强化入手，将学科复习中的规范意识作为学生反思在前一阶段复习效果的焦点。具体来说，从下面四个层面来强化。

其一，强化规范是追求卓越的起点。每个学生都希望能够在高考中取得优异的成绩来证明自己，追求卓越是年轻学生心中的一团火，生生不息，是他们奋斗十二年最终的向往。因此，要在复习备考一段时间后，告诉他们高标准的目标靠规范打基础，尤其是对于学科整体素质处于中高层的学生来说更是如此，也就是说，在总体学科框架搭建起来之后，规范扎实的知识体系是走向卓越的奠基石，若想要努力提高层次，必须从规范做起，在反思之后强化规范意识，向下一个高阶目标迈进。

其二，强化规范是专业精进的手段。在高三复习的前阶段主要是基础部分，尤其是基本概念、方法和规律，对于大部分学生来说总体上拉不开很大差距，但是往后拉开层次，比较的是精进程度，即人有我强，人强我精，学科知识体系从认知、理解到应用要做到精细化，在每一个细节上都能够做到规范和万无一失，这就可以达到专业精进的要求。因此，规范到每个知识角落、每个细微之处，才能在复杂问题的分析和解决中实现零失误，要明确只有规范才是专业精进的有效手段，才能找到真正的突破口。

其三，强化规范是严谨思维的过程。很多学生以为规范仅仅就是书写规范，实则不然，规范的过程是严谨思维的必由之路。无论是在平时刷题训练，还是在周练、月考，甚至是在打草稿时，都应该始终把规范牢记心中。即规范意味着有序整理信息、清晰归类板块、合理建模分析、准确推理运算、科学简洁表达，在整个思维流程中始终保持着规范的态度和品质，这样的思维才是严谨而有效的，才能够真正把自己的理解转化为准确的分析、评价和创造。

其四，强化规范是长期养成的习惯。以往很多学生等到高三复习进入到冲刺阶段才开始重视规范，殊不知规范其实是一种习惯，是需要长期坚持不懈地养成。不良的习惯不是一天或者一个月就可以改过来的，所以，平时要尽可能早一些关注规范，尤其是在高三复习一个阶段之后就应该对自身规范的复习方式迅速反思，尽快调整不规范的复习习惯。不能等到木已成舟才开始改坏习惯，那会导致规范表达问题不易纠正，更重要的是规范的知识认知和思维方法难以改变，因此要有立行立改的劲头对待规范意识的养成。

05

学生指导和管理

如何做好心理特质学生的工作

新学期伊始，高一接连出现了三起学生心理问题事件，尤其有一位女生因对学习丧失自信而冲到三楼教室外的走廊，一只脚已经跨越护栏，幸亏老师和同学及时阻拦才未发生严重后果。事后政教处、班主任与家长取得联系，迅速进行了心理疏导和处理。

高一新生刚刚进校，由于课程容量大增、思维要求显著提高、竞争对手集中、初转高学习习惯的变化、身心发展不平衡等，压力空前加大，会感到很多不适。为此我们要高度关注起始年级的学生心理问题，站在全局的角度来做好高一学生的常规教育和心理指导。提醒大家做好以下几个方面的应对：

1. 建立良好的师生关系。高一新生刚到陌生环境，要逐步适应新的生活学习方式、结交新的老师和同学，情感认同是他们首要的需求。因此班主任和科任老师可以采取一对一谈话的方式，关心学生的家庭、生活、学习和心理状况，与每一名学生尽快建立起良好的沟通渠道，充分了解学生的兴趣爱好、性格特点和心理需求，这样也有助于及时筛查发现有心理问题的学生，并采取相应的措施进行干预。

2. 创设和谐的班级环境。班主任可以指导全体同学努力营造一个和谐、民主、温馨、包容的班级氛围，让学生在相互支持、充满理解、相互谅解的环境中学习与生活。每周四的团队活动和周五的主题班会的策划和组织形式要多种多样、深入内心，穿插进行学生的安全管理教育，做好预防校园欺凌的工作。

3. 全科融入心理健康教育。全体教师在学科教学中有意识地渗透指导学生如何调整心态、应对压力、处理人际关系等技巧，在课堂上精心设计教与学的双边活动，寓教于乐，注意教育方式的艺术性，同时关注学生的个体差异，尤其是心理差异，因材施教，教学容量与难度要注意循序渐进，搭好思考和训练的难度阶梯，帮助高一学生跨越学习门槛。

4. 保持家校沟通与合作。家长是学生心理健康教育的重要参与者，班主任与科任老师每天及时交流并研判学生的心理异常情况，与家长进行密切的沟通与合作，共同关注学生的心理健康。在钉钉家长群中常态化指导家长正确关心孩子、教育孩子的方式方法，及时向老师反馈孩子的问题，共同为孩子的健康成长创造良好的家庭环境。

5. 加强心理咨询服务。政教处设立了专门的心理咨询室，可以鼓励有各种心理咨询需求的学生积极联系余曼老师，同时年级组有经验的老师也可以积极参与到这项工作中，为学生提供及时的心理咨询服务。全体教师在课堂上及与学生交流中密切关注他们的心理变化，及时进行干预和帮助。

6. 建立健全心理健康档案。年级组与心理健康老师余曼对全体高一学生进行了心理健康评估，建立起初步的心理健康档案，记录下学生的心理状况、咨询记录等信息，便于及时为学生提供个性化的教育和帮助，同时提请全体教师都来参与探索适合学生心理特质的教育方法和手段，不断提高心理健康教育的针对性和有效性。

清北目标生自我培育的成长因子

今天清北目标生召开师生联合分析会，会上每位学生都简要介绍了考况和达成奋斗目标的举措，各科老师也为他们进行了全面诊断，同时对他们提出了学科备考的阶段性要求和长远性规划。

清华大学和北京大学是中国两所实力最强、影响最大、声望最高的大学，而且特色鲜明，各具独特的魅力。这两所大学的招生标准非常严格，高考成绩要求非常高，全省排名一般是物理方向前 88 名，历史方向前 12 名才能统招录取，通过强基计划也需要在统招录取线下 15 分以内。能够成为清北的学生需要具备以下基本素质：高远的理想信念、开阔的认知视野、优秀的高考成绩、全面的综合素质、卓越的创新才能。围绕以上基本素质要求，清北目标生在自我培育过程中要注重三个成长因子：

1. 信念。信念是指在一定的认识基础上确立的对某种思想或者事物坚信不疑并身体力行的态度。新高考背景下强调立德树人，将理想信念、爱国主义情怀、品德修养、奋斗精神等各方面渗透在高考命题中进行考察。因此，清北生问鼎学科高分就要在这些方面体现出不同于一般学生的认知和境界，而达到这个层面需要广泛高品位阅读和高阶思维引领，这是偏文方向学科备考冲击极限的秘诀。

2. 积累。要持续进行三个积累。其一是认知视野的积累，广阔高远的视野、深度多元的视角不仅是语文和英语写作上层次的必备基础，也是提升各学科阅读理解能力和精准把控题意能力的根本要求；其二是全覆盖地突破各学科知识点的积累，在教材中所有涉及的内容都应该没有盲区，逐个知识点进行深度学习；其三是积累解决复杂问题的经验，包括稳定的心理品质，将每一章节、每一板块的知识体系灵活应用到新情境之中，注重优化学科思想方法，锻炼自己成熟稳重、遇难不怕、遇挫不馁的积极心态。

3. 主动。学习过程中要主动做到“悟、练、问”。主动性应该占到每天学习任务的70％，剩下30％的时间用来跟随老师的指导脉络建立学科体系。悟就是要悟出问题本质、悟出思维逻辑、悟出通用规律；练就是要针对自身薄弱环节练、针对高考热点要求练、针对大学延伸部分练；问就是要问自己每天每章节存在什么困惑、问老师解决问题的思想站位、问同学更多更妙的方法技巧。通过每个阶段(或一周或两周)积极主动地“悟、练、问”，让自己始终保持清晰的方向、节奏和重点，让每个阶段都走得非常扎实。

清北目标生如果做到了以上自我培育，一定会在群体之中脱颖而出，展现不同于一般学生的气质和素质，在高考之中一定会以降维打击的态势赢得超高分。

高中生父母在家庭教育中最核心的两个做法

习近平总书记说：“家庭是社会的基本细胞，是人生的第一所学校。”现在教育的竞争使得人人都想成为学霸，很多家长以为孩子的教育可以全部仰仗老师。其实不然，为什么同样班级、同样老师，孩子表现却不一样？因为教育孩子这件事不能单靠老师，现代家庭教育对孩子成长的作用越来越显著。

法国一项社会学研究成果表明，一个人的成长过程中，学校的影响只有15％左右。著名美籍华人教育专家严文蕃也曾做过一项调查：在学生成长的影响因素中，学生自身背景因素占80％，教师的作用占13.34％，学校的作用占6.66％，也就是说学校教育与孩子的成长成功只有相关性，而没有直接的因果关系，而唯一和孩子成长成功有因果关系的是家庭。学霸不是天生的，学霸的父母不一定就是高学历，但是学霸一定有一个看似不经意营造却能够带来良好发展的家庭。所以培养好一个高中生、做一个合格的家长是父母在繁忙工作的同时需要自修的必修课，这个课程的核心就是要把握两个基本做法。

其一，父母要始终以艺术性“狠心”来指导孩子的成长。每一个优秀的人背后都有一个讲究艺术性“狠心”的父母。在“狠心”父母的教育下，孩子才能一步一个脚印，慢慢走向成功。艺术性“狠心”的父母，不是用焦虑烦躁、简单粗暴、指责埋怨、人云亦云、随意攀比地去对待自己孩子的成长，而是在充分关注自家孩子个性特点的情况下，重视家规教育，理性讲究原则，在原则和规矩的前提下再给孩子留下放飞的空间。下不了“狠心”的父母一般都是在孩子小时候的生活习惯、学习引导上不太注意，甚至比较放任，很多细小的缺陷就会像雪球一样越滚越大、越积越多，形成了孩子在某些方面长期改变不了的毛病，直接影响到后续孩子的学习效率和生活品质。

其二，家校协作，一起做好孩子度过青春期心理指导工作。孩子一般是初中进入青春期，高中才逐步显现叛逆和强烈的个性化。高中生的自我意识普遍开始增强，迫切需要社会和父母对他们的想法给予重视和承认。很多家长在这个阶段都表示很痛苦，束手无策，或采取比较直接武断的方式坚决纠正孩子偏激的行为和思想，自己舒服了但是孩子愤怒了，或采取尊重和理解由他去又担心对孩子放任自流，确实很难做到恰如其分。这个阶段的心理调节一定是家长唱主角，老师做导演，家长要和老师紧密联系，学会正确把握家庭管理的发力点，冷静对待孩子在家的牢骚埋怨和逆反行为，站在理解孩子的角度去帮助他从不同角度看待问题，不可反向迁就孩子，要精心维护好与孩子的沟通渠道，让孩子与家长交流的心门始终敞开。

高中逆反期孩子的教育策略

最近很多家长向我咨询，如何与高中逆反期孩子沟通，我也一直在思考这个问题。虽然很多能够进入省级示范高中的学生在初中已经进入青春期，但是鉴于年龄和认知的等原因，再加上虎爸虎妈的严控，导致逆反期滞后到高中才开始，高中随着学业压力的加大，学习的知识也加深加宽，更加促进了高中生自我意识的觉醒，这样就使得高中家长更加搞不定能说会道的逆反孩子了。

作为家长，不要认为孩子逆反是大逆不道，要意识到这是孩子正在长大的显著标志，是一个孩子开始寻找自我、尝试独立的必然过程。家长从此时此刻开始就要尊重孩子的独立性，尊重他们的选择和决定，尽可能让他们在安全的范围内做决定甚至犯错误，帮助他们建立自信和责任感；在交流之中尽管可能不同意孩子的观点也要倾听，尝试去理解孩子的立场是非常重要的，倾听他们的想法和感受，而不是立即批评或否定；家长一定要与孩子保持开放的沟通，鼓励孩子表达自己的想法和感受，以开放的心态和孩子谈论他们的问题或困扰，尽可能为孩子提供帮助和支持。虽然逆反期的孩子可能希望有更多的自由，但是他们仍然需要明确的家庭规则和期望，这些规则应该是公平的，并且能够明确他们的责任和义务。家长要以身作则，在孩子面前表现出成熟感和责任感，为孩子做好榜样。如果家长已经觉得无法处理孩子的逆反行为，或者认为孩子的行为开始影响到他们的学业或生活，那么可能需要寻求专业的心理咨询专家。

作为老师，要与家长保持密切联系，定期进行家访或电话沟通，了解学生在家庭中的表现和问题，鼓励家长主动与老师分享孩子在学校的情况。通过家长会、教育专题讲座等形式，帮助家长了解逆反期孩子的特点和需求，提供一些专业的建议和指导，为家长提供一些家庭教育的资源和建议，如推荐一些适合高中生的书籍、电影等；积极倡导家长尊重孩子的独立性，允许孩子在一定范围内做出自己的选择，同时给予适当的引导和监督，不断提高家长的教育意识和水平，例如：如何与孩子沟通、如何处理冲突等，帮助家长更好地应对孩子的叛逆行为；老师可以不定期邀请家长参与学校的主题活动和校本课程设计，让家长了解学校的教育理念和方法，增进家校之间的信任和合作。对于逆反行为已经较为严重的高中生，老师应关注他们的心理健康，及时发现和解决他们的心理问题，避免问题进一步恶化。

无论是家长还是老师，都要懂得每个人都有自己的成长速度和方式，所以保持耐心和倾听理解是化解逆反孩子与家长老师冲突的良方。

做合格的高中生家长需要学习

每年高三，家长和学生都有不同程度的焦虑不安，因为他们都希望能够在高考取得好成绩、进入理想大学并有一个美好未来，但是往往分数达不到期望或者孩子的学习劲头达不到父母要求。这种焦虑不安的心理状态如果不能得到及时的调整，会产生很多不正确的教育方式或者心理障碍，严重的甚至会发展到家毁人亡。

这么多年的高中教育经历，我确实看到了很多因焦虑而导致的育儿失败案例，每当事后的遗憾与叹息萦绕在我的脑海里时，强烈的指导与提醒意识就不断冲击着我。诚然，家长和孩子在这个关键阶段非常需要得到这个方面的帮助，尤其是自身工作压力大、焦虑不安的家长，他们没有机会实时得到专业人士的指导，其心理和行为更容易发生偏差。我想家长首先要适当掌握一些克服焦虑的良方。

1. 坚决化解自己的情绪。父母应该能够比较清晰地意识到自己在某个节点上情绪的良莠，相比孩子而言成年人具有更加灵活调整、消化掌控自己情绪的能力、方式和空间，完全可以有多种方式和途径处理自己的焦虑情绪。每当自己焦虑心态甚至是暴躁情绪来临的时候，要尽可能换个环境去化解掉，要避免将负面情绪传递给孩子。

2. 维系良好的沟通渠道。父母应该与孩子之间维系良好的沟通渠道，在家里多倾听孩子的想法和感受，抛弃父母这个头衔给自己带来的居高临下，俯下身去感同身受地与孩子交流，在充分尊重和信任的基础上给孩子提供适当的支持和帮助，置之不理、冷言冷语、恶语伤人、决绝赌气、拳脚相交等都会导致沟通渠道永久关闭。

3. 商议制定合理的期望。把孩子当社会中的成年人来看待，父母应该与孩子以商量的方式制定合理的阶段目标，帮助他们正确理解人生道路的成长性和曲折性，不要过分追求孩子的成绩和表现，从德智体美劳全面分析，真诚肯定孩子的优势，整体性指导孩子自由发展有益的兴趣和才能。

4. 拓展生活方式提高认知。父母除了工作以外也要拓展自己的业余生活方式，尝试培养高雅的兴趣爱好，尤其是要保持年轻时广泛阅读的习惯(少看手机)，放松身心并为孩子树立积极向上的榜样。当今很多高中孩子的认知视野已经远远超过成年人(仅仅只是没有丰富的社会阅历和实践经历而已)，家长需要加强学习，积极跟进不落伍，认知的提升有利于从根本上消除焦虑的滋生因子。

那么，仅仅是克服焦虑就完了吗？我以为父母在面对15～18岁这个年龄段的高中孩子时还要静下心来努力学习思考如何当好家长，因为不是每个人都能够当一名合格的高中生家长，即使你的事业再有成就，但为人父母也还是首次。人生如戏，建议在家里扮演好以下几种角色。

引导者。父母应该做高中生的人生规划引导者，充分借助自己的职业特点和学习领域，引导孩子不断拓展视野和认知，帮助他们分析并逐步形成正确的世界观、人生观和价值观，探寻更加高远的人生目标；在孩子遇到成长烦恼和学习困难时，应该给予充分的建议和支持，帮助他们解决问题。

倾听者。父母应该成为高中生的朋友，逐步调整改变在孩子小时候建立的权威形象，耐心倾听。这个年龄段孩子特别容易伤感、走极端、自以为是、我行我素，父母要善于以共情的方式去理解他们的情感需求，在他们遇到困难和挫折而需要向你倾诉的时候，应该给予无需安慰的陪伴，并以肯定的视角伺机转化为愉快的话题。

监督者。父母应该对孩子的学习、生活和行为进行适度的监督和管理，牢牢守护底线原则，教育他们遵守法律法规，培养他们的责任意识和对待规则的敬畏之心，持之以恒地渗透理想信念教育，规范孩子正确的人生追求，在充分尊重孩子、立足高中学习的基础上，支持他们开发兴趣特长。

示范者。父母是孩子的第一个榜样，言行举止都会影响到孩子。千万不要认为在家时没必要像在职场时那么“端着”，可以随意讲话或者行事，要知道孩子身上的很多毛病其实就是父母在家不注意的点点滴滴影响下产生的。因此，父母应该以身作则，展示良好的品质和行为，把他们当成职场孩子，让孩子跟着你养成尊重、守信、勤奋等优良素质。

保护者。父母应该为孩子提供一个安全、健康的成长环境，保护他们免受伤害。在孩子面临困难和挑战时，给予他们信心和支持，帮助他们建立自信，勇敢面对压力，绝对不能由着自己的脾气性子肆意对孩子进行唠叨、谩骂甚至是实施家庭暴力，家长永远要记住：你现在怎么对他，将来他就会怎么对你和别人。

总之，人成家之后一辈子都需要学习如何做父母，而且对你的孩子来说机会只有一次。做一个合格的父母需要不断地学习、实践、反思和调整，不能本色表演，除非你先天就是优秀的父母；既要承担起抚养和教育的责任，又要加强为人父母方法和技巧的学习，这样才能建立起温馨与幸福的小家庭，那么我们这个社会大家庭就会大踏步地走向和谐与进步。

我们该如何面对考试焦虑的孩子

昨天月考出成绩，我帮扶的学生取得100多名的进步，他非常高兴的同时也感觉像是做梦一样不真实，晚上还失眠，总是在想下一次会不会又跌落下去，那样自己会非常受打击，今天中午吃完饭跑我办公室找我咨询，真是非常明智的举动！其实这就是考试焦虑症的表现，就是需要找到有经验的专业人来点拨化解。

考试焦虑症是指在面临下一次考试时出现紧张、担忧、恐惧等情绪反应，导致心理和生理上的不适。这种焦虑可能源于过度关注和对考试成绩的过高期望、缺乏自信和对失败挫折的莫名恐惧、自我认知不足和对他人评价的过分在意等多种因素。

过度关注结果和对考试成绩的过高期望。学生对备考目标的快速达成非常渴望，对自己考试成绩期望过高，希望在每一次考试中取得优异的成绩，尤其是前一次考试没考好时，对下一次更加期待成功，而当实际结果无法满足这些期望时，就会产生焦虑和担忧。

缺乏学习自信和对失败挫折的恐惧无助。学生对自己的应试能力缺乏信心，即使取得了当前的进步，也会担心下一次自己无法应对考试，害怕在考试中失败，担心这种失败会影响到自己的未来，导致他们在考试前和考试期间过度紧张和担忧。

自我认知不足和对他人评价的过分在意。学生对自我认知进入更加多维度评价阶段，自尊心强、社会认同感迫切、竞争氛围激烈等都会让他们过于在意他人(如家人、同学或老师)的评价，从而对考试结果产生患得患失的情绪。

面对考试焦虑的学生，我们如何进行专业的心理辅导呢？

首先，无论是家长还是老师一定要给予孩子充分的尊重和理解。高中学生的社会阅历和生活经历还不够丰富，心理承受能力相对成年人来说肯定有一定的差距。当我们遇到有这样心理状态的学生时，就要像对待孩子小时候肚子饿了哭着要吃一样的淡定心态来应对，切不可惊慌失措、紧张兮兮如临大敌，要认识到这个年龄段面临着高考压力的学生产生这样的考试焦虑是非常正常的，这预示着孩子走向责任担当、主动融入竞争，是孩子成长中的一件大好事，应该理直气壮地告诉他：有焦虑就对了！没有焦虑有可能是认知幼稚、毫无责任。

其次，用最耐心、最真诚的态度去倾听孩子述说烦恼起源、困惑线索、焦虑核心和无助心态，以感同身受的状态偶尔回应但不能打断孩子倒苦水的唠叨，切忌以居高临下的姿态否定甚至是指责孩子可能存在的错误逻辑、片面认识和武断结论，边倾听边捕捉孩子讲话中所有基于学生心态的积极成分与合理诉求，并给予梳理性的充分肯定，在梳理描述中潜移默化地对孩子的认知逻辑进行不动声色的纠偏和引导，始终把孩子最善良、最淳朴、最感人的品质表现和精神追求进行点题式强化，让他逐步找到真实的自我，让他体会到他人客观的认可，让他悟出改善当前状态的可行之路。

最后，以淡定心态帮助学生科学分析现状，设定合理的总目标和阶段小目标，避免抱有过高或过低的期望。劝导说明前进的道路是必然的，但是一定是曲折的，更是需要持之以恒、跬步积累的，斩钉截铁地告诉孩子天天把未来没有发生的事情当歌唱没有意义，类似于白日做梦(当然做的都是考差的梦)，应该把所有的梦想都转化为每天宁静致远的当下努力，找准学生的学习问题，提出学习计划和难点突破建议，引导学生考试时采取积极的应对策略，如打破试题顺序先易后难等，温馨指导学生合理安排学习时间，保证充足的休息，学会放松，鼓励适当安排一些休闲活动，如听音乐、散步、运动等，以缓解紧张情绪；同时也欢迎学生敞开心扉，及时与家人和老师分享自己的担忧和焦虑，寻求他们的建议和支持，正视不足之处，以便在下次考试中做得更好。

总之，孩子在成长过程中遇到这样的考试焦虑问题可能不是一次两次能够彻底解决的，但是每一次的干预谈话可以帮助他们逐步克服对考试结果的患得患失，最终越来越成熟地以积极的心态提高自己的应试能力和考试成绩。

如何对待高中生手机依赖

相信家长和老师都对学生的“手机依赖”感到非常无奈，苦口婆心、好言相劝、物质奖励、强行没收、当面摔机或者拳打脚踢等各种方式方法都用到了。但是收效甚微，处理不好，孩子就会消极怠学、逆反冷战、反目成仇、赌气出走甚至走极端。尤其是进入高中后孩子人高马大、更有主见和自尊，会对禁用手机产生非常强烈的抵抗，如果我们在处理过程中过于急躁粗暴，对于性格和脾气本身有特质的孩子极易导致不可挽回的后果，这样的案例屡见不鲜。

手机依赖，也被称为手机成瘾或移动设备依赖，是指个体对手机使用的时间、频率和行为产生过度关注和依赖，以至于影响到日常生活、工作、学习和人际关系的现象。对于高中生而言，他们对于手机依赖主要源于玩手游、网上社交、刷信息和看视频四件事情，过度依赖手机主要会影响到学业成绩和身心健康，而这两个方面恰恰是家长和老师都非常在意和关注的，因为关系到孩子的未来发展。

玩手游是信息时代人们在虚拟世界寻求刺激、成功与快乐的重要平台，如果孩子从小就开始玩手机游戏，那种如同吸食毒品般的兴奋感会让人长久不能自拔；网上社交是孩子们在钢筋混凝土的丛林生活中实现信息传递和情感交流的最佳方式，高中生情感丰富，特别渴望得到他人的认可，这种无时无刻都可以随意沟通的渠道是非常需要的；刷信息是对世界进行广泛探知和满足猎奇心态的通道，海量的网上信息可以大大地满足孩子的好奇心，可以轻松地知道他们想知道的“真相”；看视频是学生们追逐偶像、感知艺术、痴迷动漫、享受球赛的便捷手段，具有非常灵活、自由、私密的特点。所以，以上四件大事如果被硬生生地杜绝，孩子能不与你“拼命”吗？

如果把手机依赖问题用“解决掉”的思路去寻求对策，我认为是徒劳的，换句话说，不能用“断根”的目标来制定教育策略；再说，毕竟现在已经是人工智能时代了，孩子今后的大学学习和职场工作都需要更好地使用手机，所以家长和老师必须遵循转变观念、因势利导，化堵为疏、变“废”为“宝”的基本策略来应对孩子的手机依赖。

转变观念是指站在适应未来时代发展的背景下看待手机等电子产品的功能，不过于强化手机依赖问题的负面效应，始终把“引导和转化”作为管理和教育的出发点和落脚点；因势利导是指顺应学生的身心发展规律，充分开展丰富多彩的课余活动，例如快乐阅读、运动比赛、科技研学、动漫表演等，以此来拓展探索世界、融入社会、交流情感的立交通道；化堵为疏是指在与孩子沟通交流时本着尊重和理解的姿态共同商量手机使用与管理的基本规则，合情合理制定手机限用规定，循序渐进地改变孩子不良习惯；变“废”为“宝”是指家长和老师要清醒地看到每个孩子独特的手机依赖缘由，尝试将不良的依赖缘由转变为有益于孩子个性发展的优势，引领孩子转变手机使用方式，帮助他们升级应用层级，从而掌握独到的高水平技能。

总之，手机等电子产品的高度应用是未来社会生活工作的必需，但在学生时代沉迷其中是肯定不行的。我们要沉着冷静地面对手机依赖问题，以“导和转”为基本教育策略，帮助没有自控力的孩子逐步明晰并增强自己对未来人生发展的责任意识，尽一切力量让他们成熟起来、自律起来，带动他们更加自主地走向应然的理想追寻之路。

学生是否需要超前学习

很多高一的家长问我是否需要超前学习，他们都认为超前学习就是多学一遍后，在学校上课更容易掌握主动，能够跟得上高中非常快的学习节奏。我想这个想法也不是没有道理，毕竟高一学生从初中学习容量不高、思维强度不大的状态一下子转变为教学进度快、考试较难的情况还是有些不太适应，加上高一学科组合选择需要成绩来作为依据。这样，更多的家长把孩子送到培训机构补课，其实就是超前于学校进度的新课学习，以期通过多次学习来获得考试编班的主动和与班级同学竞争的自信。

超前学习以前是泛指因早熟而进行超越年龄的学习，即学有余力的学生在课堂上提前通过自学掌握了某些知识或技能。然而，现在由于极度的内卷，这种学习方式被每一位学生和家长所采用，以“补课”形式的超前校外学习已然成为常态，很多孩子在没有多大价值的、被动的超前学习中失去学习兴趣，也没有真正培养出较强的自主学习能力，有的甚至产生厌学情绪，这种情况在整个社会引起了广泛的关注。

不可否认，超前学习的学生往往因为用更多的时间和频率来理解和掌握复杂的概念，从而占据了学习进程的主动。对于真正学习力较强的学生来说，超前学习确实可以进一步提升自主学习能力和解决问题的能力，当学生在抢先知晓习得的状态下取得优异成绩时，他们的自信心也会随之增强，有助于在面对各类挑战时能够更加从容应对。

但是，需要明确不是所有的学生都适合超前学习的。如果没有尊重孩子个性化特质迫使他被动超前学习，把时间和空间都让位于培训班教师的灌输新知，在没有消化“鱼”的情况下继续吃“鱼”，并没有得到“渔”，那么结果将会适得其反。

哪些类型的学生更适合超前学习呢？我认为只有那些具备较强自主学习能力、学科基础扎实、时间管理自律性强、心理素质良好以及对某一领域有浓厚兴趣的学生才适合。对于基础不扎实、反应慢、理解能力差、没有较强学习力的学生来说，超前学习会加重其心理压力，尤其是在还没有形成科学学习方法前，为了超前学习而超前学习会导致学生更加消化不良、理解不透、信心不足、痛苦不堪。

我们在指导学有余力的学生超前学习时要注意方法，首先，需要帮助学生明确超前学习的目标，指导他们制订合理适当的计划；其次是为学生提供足够的、适切的学习资源，教会他们有效搜索信息；第三是激发学生批判性地思考，在超前学习中形成自己的知识体系，养成科学的学习方法；第四是定期检查学生超前学习的进度，并给他们提供及时的评价反馈，指导他们调整学习策略；最后就是关注学生心理，鼓励他们克服压力、困难和挫败感。因为超前学习是非常规的学习方式，更具有个性化色彩，所以我们应该强化内容选取的针对性和思维训练的自主性，这样才能让超前学习真正有实效。

如何做好抑郁症学生的关爱和指导工作

现在校园里有抑郁症的学生比例为7%～10%，几乎每个年级、每个班级都有这样的学生，也给学校和教师提出了更高的要求。大家都知道，抑郁症是一种常见的心理健康问题，其症状可能包括持续的情绪低落、对日常活动失去兴趣、疲劳、失眠或过度睡眠、食欲改变、自我评价过低、集中注意力困难、反复出现死亡或自杀的想法等。如果学生出现这些症状，学校老师应该及时提供科学的心理指导支持。那么我们该如何做好抑郁症学生的关爱和指导工作呢？

第一，我们老师自身不能把抑郁症当成洪水猛兽而躲远，不敢触碰。其实这是一种医学上已经明确了的疾病，和感冒发烧、运动骨折等病一样需要周围人的理解、关爱、照顾，而且更需要提供科学的心理指导。因此，在课堂上要关注学生的心理健康，观察抑郁情绪的变化，经常性翻阅心理健康指导的书籍，学习初步的抑郁症患者的病学原理和心理指导方法。

第二，在日常教育教学过程中与所有的学生都要建立平等互信关系。无论学生是否患有抑郁症，都要一视同仁地关心学生、爱护学生；平时与学生进行真诚开放的对话，让学生感受到他们在老师心中都同等的被关注和尊重；表扬学生要大庭广众当面进行，批评学生尽可能一对一谈心引导；经常组织体育、艺术或其他有趣的活动，帮助学生提高情绪和自尊。

第三，学生抑郁症状发作时，要迅速给学生安排一个安全的环境，耐心倾听他(她)的想法和感受，不要打断其倾诉、抱怨和伤感情绪表达，先让其全部释放出来，无须反驳他的观点、判断和愿望，尽量避免与之争论或试图说服其摆脱负面情绪，让他感到被理解和关心，同时也表达出老师的关心和支持，让他知道老师在乎他的感受。

第四，根据学生与家长的情感关系再决定是否要通知家长到场。如果父母和孩子之间能够有效沟通，则迅速联系父母配合一起来陪伴孩子；如果父母和孩子之间有矛盾或者沟通不畅，则需要在稳定学生情绪之后，再避开学生与其父母联系，指导父母在家正确看待孩子的症状，调整支持策略，确保孩子得到最适合的支持与帮助。

第五，抑郁症状已经非常严重的情况下，则与学校心理老师一道请父母来校，详细分析学生的状况，指导家长和学生寻求心理治疗师或精神科医生帮助；同时在班上确定与其关系较好的同学和干部给予相应的关注，确保抑郁症学生身处安全环境，避免与其他可能使他们感到更加焦虑或抑郁的人或情况接触。

总之，抑郁症学生的情况都是千差万别的，其诱因、症状和程度都存在很大不同，要通过与上一个学段的班主任老师、家长的深度沟通交流来制定针对性的关爱措施，根据学生的具体情况和需求来提供帮助。

考试前学生心理变化及其应对

期中考试即将来临，各学科都开始进行紧张的复习备考，学习氛围更紧张、训练强度更大，学校管理干部要高度重视这个阶段学生心理变化，深入调查研究各年级学生心理状况并进行科学研判，同时要做好应对。

每次大型考试来临前的时段，是教师、家长和学生都非常关注的时段。尤其是学生在备考之前或多或少会产生心理变化，其主要体现在：其一是压力增加，期中考试通常被视为检验学生学习成果的一个重要节点，因此学生可能会感受到来自家庭、学校和自己的压力；其二是紧张和焦虑，由于对考试成绩的担忧，学生可能会感到紧张和焦虑，这种情绪可能会影响到他们的学习效果和考试表现；其三是情绪会有波动，在考试前的一段时间，学生的情绪可能会出现如烦躁、易怒、坐立不安等；其四是睡眠不足，为了应对考试，学生可能会熬夜复习，导致睡眠不足，这可能会导致心理变化。

对于正处于青春期的学生来说，期中考试前面临心理压力是正常的。但是管理干部和教师要正确引导，帮助学生进行科学的心理调节，调动学生以最佳的状态迎战考试。具体指导工作建议如下：

1. 正确看待考试。教师要引导学生认识到考试只是检验学习效果的一种手段，教会他们以积极的心态来应对，相信努力会有回报。

2. 制订合理的复习计划。教师要指导学生合理安排时间，确保每个科目都得到充分的复习，避免临时抱佛脚，提前准备。

3. 保持良好作息。教师要告诫学生备考期间保证充足的睡眠，避免熬夜，明确良好的作息有助于提高学习效率和保持良好的心理状态。

4. 增强自信心。教师引导学生设定一个实际可行的目标，避免过高的期望给自己带来过大的压力，强化进步就是最大的成绩的思想。

5. 应对考试焦虑。政教处在考试前进行考前专题辅导，教会学生进行深呼吸、冥想等放松技巧，以及考试时不要慌张，先做会的题目再回头解决难题等方法。

6. 适度模拟考试。各学科备课组要通过适度的模拟考试，帮助学生熟悉考试流程和环境，提高他们的应试能力，难度不要过大，提振学生的信心。

总之，考前心理调节工作不是可有可无，它不仅仅是为了让学生有一个最佳状态参加考试取得优异成绩，更是一个恰当的时机对学生进行心理承受能力锻炼，也是学校确保学生身心健康、确保校园安全的底线工作，要引起全体教职员工的高度重视。

加强临界生的研究和指导

历年高考各层级分数线下一定范围内有希望上线的目标学生称为临界生，把临界生这个特殊学生群体抓好了，可以极大提升该层级分数线上线比率，这也是多年来高三毕业年级扩大上线比率的重要抓手。

临界生在学习、生活和习惯等多方面都可能存在不同程度的问题，普遍反映在：某些学科基础不扎实，在学习过程中没有形成完整的知识体系，存在不同板块的知识和能力漏洞；心理素质不稳定，考试成绩时高时低，起伏波动大；学习方法不得当，一些临界生还没有找到适合自己的学习方法，导致学习效果不佳；大部分临界生的共同致命问题是偏科，由于在起始阶段学习目的不明确，缺乏学习兴趣，没投入更多的时间和精力等。所以临界生群体的问题要逐一个性化分析原因，针对性地拟定指导对策。

帮助临界生克服上述问题并提高学习成绩，需要班主任和科任教师根据日常教学和课外的观察，以及与学生的沟通，来发现他们的优点、特长和个性化问题，并给予相应的指导和支持。可以采取以下系列策略和方法：

1. 与临界生建立信任关系。建立良好的师生关系，让他们感受到老师的关心、支持和信任，以更加自信的心态接受老师个性化指导和帮助。

2. 充分了解学生需求。教师要通过与临界生的沟通，全面了解他们的学习需求、心理状态，以便提供针对性的指导，更加聚焦临界生存在的主要问题。

3. 共同设定明确目标。教师与学生一起共同制定明确的追赶目标，并鼓励他们为实现这些目标付出努力，每个小阶段目标达成要进行总结。

4. 提供个性化教学指导。教师针对学生的个别差异，利用课余时间采用不同的教学方法和策略，以提高他们的学习效果，切实解决问题。

5. 强化学习方法指导。教师要重点强化学生最适切、最有效的学习方法指导，如时间管理、笔记技巧、复习策略等，帮助他们提高学习效率。

6. 关注学生心理健康。临界生之所以处在临界，往往是因为心理状态不佳，教师要及时发现并解决他们在学科学习上的负面心理问题。

7. 积极鼓励自主学习。教是为了不教，临界生的指导最终还是要培养他们的自主学习能力，鼓励他们主动思考、主动参与，不断提高自身的学习力。

8. 定期评估和反馈调整。每个阶段定期对临界生的学习状况进行评估，及时给予反馈，帮助他们了解自己的进步和不足，阶段调整临界生人员和指导重点。

在家庭教育上向年轻家长提出四个观点

一、家庭教育对孩子成长的作用越来越显著

习近平总书记说："家庭是社会的基本细胞，是人生的第一所学校。"现在教育的竞争使得人人都想成为学霸，很多家长以为把孩子送进学校，对于孩子的教育就可以全部仰仗老师。其实不然，为什么同样班级、同样老师，孩子表现却不一样？因为教育孩子这件事不能单靠老师，否则就实在太耽误孩子了。

法国一项社会学研究成果表明，一个人在成长过程中，学校的影响只有15%。著名美籍华人教育专家严文蕃也曾做过一项调查：在学生成长的影响因素中，学生自身背景因素占80%，教师的作用占13.34%，学校的作用占6.66%。其中学生背景中家庭收入、父母教育水平、父母职业等占60%，学生原来的知识和兴趣等占40%。也就是说，学校教育与孩子的成长、成功，只有相关性，而没有直接的因果关系。而唯一和孩子成长、成功有因果关系的是家庭。

孩子的道德品行、性格习惯、读书兴趣和抗挫能力等都是家庭教育长期培养引导的结果，所以，孩子每个人生阶段的成长成熟，都需要家长深入思考、研究这些品质培养的方式方法。培养好一个优秀的孩子、做一个合格的家长是我们每位家长在繁忙工作同时的必修课，就像科学掌控自己和家人的身体健康一样，把孩子的教育当作一项课题来探索。

二、优秀的父母要用心，更要艺术性"狠心"

很多家长跟我讲，我们全家都非常重视教育，起早贪黑接送小孩、把饭菜送到嘴边，已经很用心投入了。但是我们从家长在很多问题的处理方式方法上、对孩子教育过程的言谈举止中发现，现在很多家长都做不到艺术性的"狠心"，比较惯孩子。中国有句老话：惯子如杀子。父母惯孩子，不忍心让孩子受罪，不舍得让孩子吃苦、吃亏，甚至是被冤枉、被误解，这样的孩子问题就越多。养育孩子，不仅仅是让孩子吃饱穿暖，更重要的是能够教导他如何面对人生。每一个优秀孩子的背后，都有一双讲究艺术性"狠心"的父母。在"狠心"父母的教育下，孩子才能一步一个脚印，慢慢走向成功。艺术性"狠心"的父母，不是焦虑烦躁、简单粗暴、指责埋怨、人云亦云、随意

攀比地去对待孩子成长中的每一个细节。所谓艺术性的“狠心”，有两个基本要点：

其一，讲家规。没规矩不成才，没有原则的父母，教育出没有原则的孩子，并且失去孩子对他们的尊重。孩子需要原则，这让他们的成长有了土壤。没原则的孩子会经常碰壁，丧失安全感，从而失去进取心。在我们学校生活中，尽管很多学生中考成绩优秀，但是时有出现没有规矩的行为和习惯。原则和规矩，必须基于正确的价值观，否则就会和大众形成对抗，被排斥。“在原则和规矩后必须给孩子留下放飞的空间。对于鸟来说，规矩不是把翅膀剪掉，而是把握飞行的方向。”

其二，慎鼓励。现在倡导鼓励教育，但鼓励教育不能陷入误区，国外是对过程进行鼓励，我们中国却是对结果进行鼓励。鼓励教育不是不惩罚，不批评孩子，而是带有建设性地批评，让孩子在失败和挫折面前不害怕。鼓励教育最重要的是在孩子遭遇挫折和失败的时候使用，鼓励教育不是掩盖孩子的缺点，而是帮助他正视自己的不足并且努力。较好的方式是对孩子所付出的努力、他们能够自己控制的因素予以鼓励，鼓励一定要重在过程，对孩子付出的努力给予承认，要给孩子空间和机会，锻炼孩子的抗挫能力和自我心理调节能力。

三、老师严格管教是对孩子最大的负责

无论是大人还是孩子都喜欢受到赞美，尤其是孩子。赞美，会让孩子心情愉悦，反之，则会让孩子心情郁闷，感到十分难受。批评就像冰镇，表扬好比热敷，彼此的温度不相同，但却都是疗伤治痛的手段。其实，孩子的成长需要赞美的阳光，更需要批评的雨露。

“如果唐僧没有紧箍咒，孙悟空一辈子都是泼猴”，“教不严，师之惰”。一个老师，如果看见孩子犯错了而不管，那才是失职。小错就管，才能大错不犯。让老师管孩子，才是对孩子最大的负责和保护。

父母对孩子最深的爱，就是要让孩子学会承受批评的苦。如果无视孩子的错误，甚至是纵容孩子，自己不舍得批评，也不让老师批评孩子。这样只会让孩子肆无忌惮地重复之前的错误，不辨是非。家长和老师的批评教育，是孩子成长中必备的养分。愿每位家长都能意识到，老师对孩子的批评都是出于善意，期待孩子变好成才；批评能使孩子保持清醒，使孩子在未来的道路上走得更稳更顺，这也是每一个身为老师的人最朴实的愿望。在教育过程中，老师无法让所有家长都满意，因为每个人的价值观不同，老师和家长教育孩子的理念也不尽相同，差异是一定存在，没有完美的老师，也没有完美

的家长，大家都需要共同学习和成长。愿家长和老师都能相互理解、彼此支持，家长和老师配合得越好，孩子的教育就越成功。

四、家校协作一起做好孩子度过青春期心理指导工作

孩子进入青春期后，生理、心理都发生了较大的变化，自我意识开始增强，迫切需要社会对他们的重视和认可。反映在行为上，孩子的自主意识增强，不太“听话”，有时还故意与家长和老师“唱反调”；注重外表打扮；喜欢交朋友等。很多家长在此阶段都表示很痛苦，束手无策。如果坚决纠正孩子偏激的行为和思想，自己舒服孩子却愤怒了。但如果尊重和理解孩子，由他去，又担心对孩子放任自流，确实很难做得恰如其分。但是我可以负责任地说，要做好这个阶段的心理调节工作，一定是家长唱主角，老师做导演，如果家长随意表演，没有老师从第三方客观地评价指导，事情往往会变得很糟。

1. 家长要相信学校、相信老师。家长要了解学校的要求、尊重学校的要求，尊重老师对学生的教育与处理(例如手机管理、发饰管理、服饰管理、饮食安全管理等)，这是家庭管理发力的支点。家长要冷静听取孩子在家的牢骚埋怨，要站在理解孩子的角度去帮助他从不同角度看待问题，切不可反向迁就孩子。

2. 一如既往地培养孩子良好的习惯。培养好习惯应该是以身作则、少讲道理、点到为止，例如规律作息、清理内务、不刻意关注饮食变化以及包办一切生活问题、处理自己吃饭的垃圾、在家不随意发表负面言论及对问题的错误归因，等等。

3. 在学习上始终引导孩子“朴实、淡定、坚决”的人格品质。朴实就是帮助孩子把自己的理想、期望、目标经常性地拉回自己的现实，关注过程而不是天天看着理想和第一名。一个人所有的纠结和郁闷甚至是绝望都是欲望与现实相距太远而拉不回来的结果，其实对于我们老师、家长和孩子，甚至每一个人来说都要把心与行对应好，把手头的事踏踏实实地做好，这样才是朴实的。

淡定就是不急功近利，不受各种焦虑情绪影响，引导孩子准确确定阶段学习目标，制订可行的学习计划，循序渐进，一步一个脚印，保持定力(例如语文和英语这两个学科)

坚决就是培养孩子顽强的意志和毅力，目标坚决、行动坚决。高中三年的意志和毅力是成功的关键，高中生面临升学，压力大，在学校天天有作

业，周周有考试，总会碰到不会做的题、考得不理想的成绩，帮助孩子提高心理承受能力，培养学生在逆境中成长。

家长如何做好家庭中的劳动教育

培养孩子的劳动观念和劳动能力是家长教育孩子的重要任务之一，那么家长如何做好家庭中的劳动教育呢？

第一，家长应该向孩子传授正确的劳动价值观念，让孩子明白劳动是一种美德，是走向独立、自主、自强的重要能力，是实现自我价值和社会价值的必经途径。例如家长可以让孩子参与家里的财务管理，教育孩子如何合理安排自己劳动所得的零花钱，学会科学的储蓄和消费观念，让孩子认识到一分耕耘才有一分收获，每个人都需要通过劳动来创造财富，提高生活水平。

第二，家长要以身作则，亲自参与家务劳动，让孩子从小看到家长的勤劳和敬业精神，从身边的榜样中学会尊重劳动、热爱劳动，创造机会和孩子一起完成家务。例如和孩子一起进行手工制作(如剪纸、折纸、编织等)，种植花草、蔬菜等，让孩子在参与中学会分工合作，培养责任感，并和家长共同体验到劳动的艰辛、乐趣和成就感。

第三，家长可以根据孩子的年龄和能力，为孩子分配适当的家务任务。如打扫卫生、洗碗、洗衣、整理房间等，也可以为孩子创设一个良好的劳动环境，如设立一个专门的劳动角，放置一些简单的劳动工具，教孩子一些简单的维修技能，如更换灯泡、修理水龙头等，让孩子在玩耍中自然地参与到家务劳动中来，并在劳动中逐渐培养独立生活的能力。

第四，家长应该鼓励孩子积极参加社会实践活动。如植树、环保、志愿服务等，让孩子在实践中学会关爱他人，培养团队精神，在此过程中家长要及时给予表扬和鼓励，让孩子感受到社会实践活动带来的能力提升和快乐幸福，面对孩子在实践活动中出现的问题，要以积极的心态去理解和支持。

第五，家长要教育孩子明白劳动是一项长期的任务，需要耐心和毅力。在孩子遇到困难时，家长要耐心引导，帮助孩子克服困难，培养孩子的坚持精神，让孩子懂得成功往往需要辛勤的努力和坚持不懈的精神，同时还要始终珍惜劳动过程中的点滴成果，懂得感恩他人的付出。

第六，家长要在劳动中培养孩子的创新意识，定期总结和反思劳动过程，调整与优化劳动策略，不断提高劳动效能，鼓励孩子在劳动中发挥创造力，尝试用不同的方法解决问题与拓展思路，将学校课本知识与劳动实际应用进行有效衔接，以良好的家庭劳动教育来提升孩子的综合素养。

06

教育感悟

相信教育的力量

面对无药可救、无医可治且只有二到五年存活期的超级绝症——渐冻症，是什么力量让京东集团副总裁蔡磊以超人的毅力和勇气与命运抗争？带着深深的疑问用三个小时一口气读完他个人写的《相信》这本书，在为这位杰出的中青年才俊惋惜之余，更为他病前病后能够始终保持“哲理的人生态度、永不屈服的挑战气质、志向高远的自我规划、争分夺秒的干事创业”状态而折服。每个人都是向死而生，生命的长短无法预测，但是生命的宽广与厚重是完全可以擘画与掌控的。如果说每一秒钟(时间)、每一平方米(空间)都能赋予生命意义的最大化，那么寿命的长短又何足挂齿呢？若每个人都能在大自然和历史长河中，经历“失败、孤独、死亡”三大人生议题，或许我们就能清晰地认清自我、规划自我和发展自我，让生命之路坦坦荡荡，让生命之火熊熊燃烧，让生命之光熠熠生辉！

回想过去在教育实践中常常被学生提问生命的意义何在，从教 30 多年的我，越来越认为这是个好问题，是一个直击灵魂的问题，是一个做真教育的老师必须上好的专题课。面对十几岁涉世未深却怀揣无限梦想的孩子们，我们教育者如何回答好呢？实践告诉我：警示名言和苦口婆心是苍白的，甚至是无效的。学生的“生”就是学习“生存技能、生活本领和生命意义”，教师的终极目标就是要培养学生能够正确回答生命意义何在。既然无力的言语是徒劳的，那么什么样的方式才能有效呢？我以为教师要以对待教育事业如教徒般的虔诚、对待人生目标更高追求的魅力去推动受教育者心灵的成长与成熟，感染并带领孩子们走向探寻他自己独特生命意义的正道，就拥有蔡磊般的精神境界与创新活力，则国家有幸、民族有幸、学生有幸。我始终相信教育有这个力量！也必须爆发出这个力量！

问题意识觉醒的研究

今天中午，两位高三历史方向的女生结伴来我办公室寻求指导，探讨如何在高三这一年突破长期在班上排名中等的瓶颈。两位女生特别开朗大方、朴实坦诚，她们有着非常高远的奋斗目标和人生理想，但是在前两年若干次考试中名次徘徊不前。

可能是我今天早上开学典礼讲话中的那句“用理想拥抱觉醒的奋斗”点醒了她们，她们非常希望我能够帮她们分析对策。听着她们对困惑的述说，我心里暗自庆幸这两名同学对复习备考策略的及时反思，问题意识开始觉醒。因为这么多年来很多高三学生虽然忙忙碌碌地奋战，却少有学生非常清醒地分阶段、常态化地进行自我的学科剖析，而这恰恰是高质量备考要落到实处的重要举措。

两位女生的第一个问题是：“非常想努力学习并提高成绩，但是除了完成老师布置的作业之外，就比较盲目了，不太清晰做什么，更谈不上持之以恒地去自主地干什么。”这个问题的根本就在于没有看清自我、找到真问题。因此，教师应该把培养学生的问题意识作为学生核心素养培养的重要课题。分析问题正确归因、解决问题举措得当，这是需要长期训练的技能，在高三备考阶段更为重要，正所谓枪要打准，否则就是浪费子弹。

第二个问题是：“语文和英语如何实现大幅度进步？”我给出了三个锦囊，其一是坚持每周阅读各类文本，并深入思考，培育自己的辩证思维和创新思维；其二是坚持每周一篇语文作文和两篇英文作文，并在老师的指导下修改到能够拿到总分的85%，作文内容尽可能涵盖热门话题；其三是坚持每周进行三次语文和英语阅读理解训练，按照高考规定用时的85%以考试的氛围完成。

第三个问题是：“和很多同学一样比较害怕高三的大型调考考得不理想，怎么办？”我启发她们说要把高三调考作为“试金石”和“指示剂”，调考成绩和排名是次要的。重要的是把自己各科掌握好了的“金项目”试出来，把各科存在的短板问题找出来，这样就可以有的放矢，不至于在紧张的时间和精力分配中迷失方向或者随意应对。

培养问题意识是当前一线教师值得关注的重要课题，后续我们要继续深入研究，从更加理性、全面、学科的角度去形成整套培养体系。

未来发展需要人才培养的变革

非常感触于美国管理大师奥伦·哈拉里一句意味深长的话，“不断优化蜡烛并不能制造电灯”。对于瞬息万变的世界且必须面向未来的教育来说，这句话真的是意味深长。

传统的教育为满足标准工业化的发展需求，将学生当成流水线上的产品，“招生、授课、考试、毕业”一整套带有工业化生产特点的流程在不断地周而复始。每年在指导高三学生填报志愿并最终目送他们走进象牙塔之后，我都会为孩子们的未来发展萌生很多遗憾和反思。尽管我们高中教师被迫功利性地帮助学生提升高考成绩而获得社会和家长的拥戴，但是深刻自省、痛定思痛：我们如今的教育真的能够培养新一代学生成为推动社会发展和解决社会问题的中坚力量吗？

当今我们的教育在培养适应高考统一选拔标准人才的机制上已经轻车熟路，但是面向未来社会发展和民族复兴战略，在培养创新型拔尖人才和独具个性的特色人才上，依然没有取得重大突破。当前通用的教育模式是简单地把事实信息塞进学生的大脑，导致最终学生们会忘记他们在学校“学到”的大部分事实信息。很多时候就是在充分肯定以往成就的基础上不断做着“优化蜡烛”的徒劳，而不是勇敢地跳出传统的教育模式，站在未来社会发展的制高点来创新与变革我们的教育。

我们应该真正把“以人为本”的理念实践在教育的整个运行机制之中，把学生的主体性觉醒和个性化发展作为教育的出发点和落脚点，这才是教育最本质的核心与使命。从微观上来看就是要创新教育教学方法，为学生设计与搭建更加自主性与个性化学习资源和学习空间，下大力气培养学生的问题意识和高阶思维能力，让每一个学生都能找到自我发展优势和路径，成为一个与别人不一样的人。只有这样，我们的教育才能够培养一盏又一盏“各具特色、异彩纷呈的电灯”，更好地为照亮人类社会的进步提供丰富多样的人才。

我们都期待着，也在努力尝试着这样激动人心的变革！

是什么就是什么

最好的成长是自我成长，最好的控制是自我控制。这是家长和老师都非常想让孩子达到的最佳状态，尤其是在高中阶段，普遍认为15岁都已经人高马大了，身心发育接近成人，应该比小学和初中懂事，加上面临着决定未来职业大致走向的高考升学压力，更是应该知道改变自己命运到了第一个最关键的时期。但实际情况中，孩子的状态总是达不到家长和老师所期望的“自我”状态，很多家长和老师也都在想问题的症结在哪？解决问题的途径究竟在哪？更有家长因看到孩子不能自主自控投入学习却无能为力而焦虑，老师不断使用强制手段改变他们认为的学生身上不好的习惯，然而收效甚微。尽管家长和老师都在内心里反复强调着“我是爱心和责任使然”。

其实，20 世纪 70 年代，美国心理学家沃纳·埃哈德很有意蕴的一句“是什么就是什么”的名言给了我们启示。家长和老师首先要明白一个道理：所有情绪上的焦虑和痛苦都有一个共同点，就是有一种要改变当下现实的愿望。殊不知我们恰恰应该学会接受这个世界原本的模样，爱一个人、关心一个人，就要包容他的所有，尊重他独有现实处境导致的言行。“强扭的瓜不甜”说明，我们要尊重大自然和人类自身在发展进程中的各种状态，即使百般看不惯。

接受并不等同于允诺、纵容或破罐子破摔，而是认清并承认基本现实起点。只有基于尊重的接纳才能有按照正确愿望发展的掌控，否则在互不买账、相互抵触的氛围中永远是越不愿意看到什么就越来什么。有了接受的心理状态，然后开始坚持长期实施一系列顺其自然的同步引领，终会发现一切问题都会迎刃而解、柳暗花明。顺其自然就是顺应孩子最独特的成长方式，不要套用别人的方式去强加在他身上，关注主流、关注原则、关注方向，允许孩子有他个性化的路径，要知道一切经历和遭遇都是成长的财富。同步引领就是和孩子一起尝试、探索、应对各种问题，感同身受地去交流彼此的经验和感悟，让孩子深刻体验到自我规划、自我控制、自我发展的愉悦感和成就感，终有一天，他会蹚出一条有着自己独立思考、充满自信的发展道路，这将使孩子受用一生，那么我们家长和老师所担忧的那些不按照期望发展的焦虑会瞬间烟消云散。

要充分相信时间、充分尊重个性、充分做好坚持！

别把发脾气当武器

经常看到家长和老师在教育过程中“发脾气”，当然我自己偶尔也是其中之一。仔细观察这一现象，排除个人肝郁气滞、肝火上升导致烦躁发怒的病态之外，更多的是当事人遭遇烦心不如意的事之后，突发性表达自己非常愤慨的心理感受，此时的当事人往往是情绪失控、言行易走极端的状态。

心理学家从大脑研究中分析了发脾气的原因：在脾气出现的那一刻，理智还未产生，烦躁的脾气导致失控的情绪很容易让我们做出不理智的事、说出没有边界的话。发脾气往往以龙卷风一样的速度一扫而过，来得快去得也快，但是破坏力和杀伤力非常强。

其实，当我们发脾气后再平静下来时问一下自己："我这样发脾气到底有什么意义，是真的解决了问题吗？有没有更好的解决办法呢？我是否自身也存在问题呢？"。如果当你在发脾气之前耐住性子等8秒钟，或许你会逐渐养成冷静处置问题的习惯，并会非常妥帖地采取更多有效的解决思路和举措。

所有的脾气来自双方观念的冲突和期盼对方的意愿达不到预期，究其根本原因是双方的认知不在一个层面。既然认知有冲突，那最佳的处理方式只能是在相互尊重的基础上进行长期潜移默化的深度沟通与交流，这样才能做出"高情商"的决策与行动。拿起"发脾气"的武器虽然看似很快结束战斗，其实仍然没有达成共识，"受气者"只是暂时被压制着反驳的言行，这样的方式如果在教育实践中经常被采用，那将是非常愚蠢与短视的，会留下很多教育的遗憾。

心理学家说，每个人的内在是多面性的，有天使也有恶魔，至于被唤醒的是哪一个，就看身边人用什么语言和行动去引导。任何一段糟糕的关系，必有你的一份功劳。资深心理学导师黄启团也说过："别人怎么对你，都是你教的。"因此父母想要建立非常融洽的亲子关系，老师想要维护有效沟通的师生关系，都要从内心里深深地明白这个道理。

让我们还是把发脾气这个"武器"收起来，用你"希望他成为什么样子"的样子去坚持不懈地做好教育。

教育人更要摆脱"躺平"

"躺平"是一个网络流行词，充斥在社会生活的每个领域。作为管理者，在新学年度开学各项计划的展开时，必须面对这个现象及其产生的消极影响。在学校行政会上，我专门就"躺平"这个现象进行了分析和引导。

"躺平"指的是无论对方做出什么反应，当事人内心都毫无波澜，对此不会有任何反应或者反抗，表示顺从心理；在部分语境中也表示为：瘫倒在地，不再热血沸腾、渴求成功了；还有另一种解释，即人们决定放弃靠拼命工作来攒钱的伤身的生活与工作模式，主动降低自身欲望，缓解生存压力，不再产生焦虑的一种生活哲学。"躺平"现象的出现是多种个人与社会因素综合作用的结果，需要从多个角度进行分析和解决。一般来说，有以下原因导致“躺平”。

其一是压力过大。现代社会竞争激烈，许多人承受着巨大的工作压力和经济压力。长期的压力会导致身心疲惫，失去动力和热情，从而选择“躺平”来缓解压力。

其二是失去信心。一些人可能感到自己无法实现自己的理想和目标，或者感到社会不公和不平等。这些因素可能会使他们失去信心，选择放弃追求更好的生活。

其三是价值观变化。随着社会的发展和变化，人们的价值观也在不断变化。一些人可能认为物质财富和社会地位不再重要，而更注重内心的平静和自由，因此选择“躺平”来实现自己的生活价值。

其四是环境影响。在一些地区，环境污染、资源短缺等问题严重，给人们的生存和发展带来了很大的挑战。这些问题可能会导致人们对未来感到失望和无助，从而选择“躺平”。

作为教育工作者，如果也选择“躺平”，那么所有人的“未来与希望”真的将会荡然无存。尽管当前社会上弥漫着各种合理的“躺平”理由，但是代表最先进文化的教育人，必须有着自己不同于他人的境界与格局，必须始终要把研究、践行与播撒“热爱和智慧”作为这个特定职业的人生使命和价值追求。

热爱，是职业认同的最高境界；智慧，是专业发展的最高追求。职业认同与专业发展是每个人成长的两翼，缺一不可。教育人要常修职业认同与专业发展之道，如此这般才能教会学生坚信、发现、探索、享受人生道路上每朵乌云背后的阳光。热爱与智慧需要靠着“视野、经历、认知、责任、毅力”来支撑。视野来自持续有效的广泛阅读，经历来自成败交织的社会实践，认知来自深刻多元的反思感悟，责任来自舍我其谁的奉献担当，毅力来自自律自强的意志磨炼。

我们教育人不能“躺平”，就像当年北大的新青年一样，用自己思想之光来唤醒周围的芸芸众生，用尽全力把“未来与希望”托举在人生前行的道路上。

塑造有信仰的灵魂

生命的精彩在于不断探索并赋予其独特意义的过程之中，在意义的追求里获得享受、自立与尊重。

常常听到家长和老师们反映进入高中的孩子们遇到学习、生活、情感上的障碍时就会茫然不知所措，严重的甚至会产生抑郁心态。这些学生都会很趋同地追问“活着到底有什么意义”“我这样忙忙碌碌是为了什么”等关于生命终极意义的问题。或许家长和老师们会很诧异，认为现在的孩子到底是怎么了，我们当初这个年龄好像没有这么去想过呢，然后简单粗暴地进行归因。其实，这里面最根本的问题是我们的日常教育中太忽视或者缺乏“塑造有信仰的灵魂”的认知理念和实践探索了。

《辞海》定义：信仰是指对某种理论、思想、学说极其信服，并以此作为自己行动的指南。信仰带有理智的主观和情感体验色彩。信仰对于人类来说是非常重要的，它是人生道路上的“指路明灯”，能提升人的道德境界，是道德行为的驱动力；它可以塑造人的道德人格，能起到精神支撑的作用，在你无助的时候给你力量，在你成功的时候让你骄傲，在你茫然的时候为你指明方向，在你挫败的时候让你坚强。当代中国青少年的信仰教育应该是建立在社会主义核心价值观基础上，将中华优秀传统文化、革命文化和社会主义先进文化赋予其内涵之中，渗透在孩子们学习生活的点点滴滴和方方面面。

反观当前孩子们所经历的前十多年的教育，都是在物质丰富、信息发达、资源广泛、价值多元、发展迅猛、竞争极卷的社会环境下进行的。学校和家庭所关注的、给孩子最主要的目标基本上都是“成绩要优异、考上名牌高中和大学、再找个好工作”，即使有信仰教育活动，也都流于大而化之的形式，并没有真正有效地渗透在每一个教育细节之中。正是因为信仰教育这项灵魂成长的核心工程被功利化或者淡化，甚至是缺失，才导致很多名牌大学的学生和工作中的成年人容易得“空心病”，面对人生挑战、学业困难和工作挫折时就失去理智和方向。

15 岁到 25 岁是应该特别关注塑造信仰的阶段，这是一个人一生当中形成正确的人生观、世界观、价值观的黄金期和关键期。如果此时的教育人没有这个意识和方法，不能帮助这些涉世未深却渴望独立思考和自由飞翔的孩子学会探索自己生命意义的话，其后果就是出现如上所说的状态，家庭生活及其个人发展都会一地鸡毛。

因此，从事教育专业工作不仅要完成常识性的德育和学科教学，而且还应该从教育哲学的高度教会学生探索“生命的意义”，帮助孩子们不断建立与完善自身的信仰体系，把塑造有信仰的灵魂作为自己工作的最高境界。

难易共存与难易转化

“想到容易，做到很难；一分钟热情容易，长期投入很难。简单下结论容易，全面分析很难；提要求容易，协调调度很难。说别人不对容易，说自己不对很难；站在自己的角度容易，设身处地替他人着想很难。”对此，我真是思绪万千、深有感触。

人总以“平凡肉身”被生活与工作从四周疯狂挤压，像渺小的尘埃，尤其是在前所未有之大变局时代被竞争与内卷的狂风吹得疲于见招拆招、难于把控方向和静心应对。现在碰到很多人都说“好难!”忙碌的中年人说难、创业的青年人说难，我们今天召开班科学情分析会上，老师们说目标好难、学生们说课程好难、家长们说养育好难。平淡的生命进程之中如果遇到难事就很容易带走我们心中曾经清晰而强烈的热情，所以现在很多人认为只有躺平了才不会觉得难。但是躺平的代价是对时代与生命的辜负，有志者不会这样选择。

最近看了介绍被誉为“中国的保尔·柯察金”朱彦夫的一本书：他从惨烈的长津湖战场上活了下来，成了无手无脚、腿断臂残的“肉轱辘”。他万念俱灰，想一死了之，但终究与命运艰难地抗争。他回到家乡办起村里的第一间图书室和县里第一个农民夜校，他“爬着、滚着”，带领曾经的“讨饭村”打赢了整山造地、打井引水、高山架电的“三大战役”。他在日记本上写道：“与其腐烂，不如燃烧。”真的是振聋发聩啊！想想艰难的他和健康的我们相比，肯定做任何事都会更困难，但是朱彦夫用抗争精神来回馈生命，实在是非常启发人。

从哲学辩证的角度来讲，难与易作为一对矛盾是存在于任何事物及其发展之中的，有难必有易，易中有难、难中有易。当我们看到很艰难的时候，那是因为还没有找到“易”的方法和出路；当我们觉得很容易的时候，或许你将面临“难”的困扰和阻挡，我们应该深深懂得难易共存是常态啊，于是乎有人在艰难的境地做出惊人之举，有人在易的享受中沉沦无获。

保持淡定心态，坚定信仰初心，难也好，易也罢，付出智慧和汗水去转化它!

我们应该就在此时此刻许下对生命的承诺，立下对自己的誓言，以平凡之心宁静致远地“匠”下去。面对精彩多变的大千世界，接手纷繁复杂的项目规划，无须鉴定是否难事或易事，无须过虑是否成功或失败，把对生命的敬畏高高举起，把对理想的追求牢牢拽上，以踏实不变的步伐去有尊严地回应依然有激情的心跳。

以灵魂在场的态度参与学习和生活

在高三清北营的部分学生座谈会上，我引用了《人民教育》2023 年第

15～16期北京师范大学文学院教授李煜晖教授的一句话，“作文教学要引导学生做生活的有心人，以灵魂在场的态度参与语文学习和社会生活”，给学生们做了高三备考的深度分析。

以灵魂在场的态度，是指在参与学习、工作、生活等各种活动时，全身心地投入，关注自己的内心感受和需求，而不仅仅是追求外在的成果。这种态度强调个体的内在价值和精神性，认为人的学习、成长和发展不仅仅是物质层面的进步，更是心灵层面的提升和完善。具体表现为自我意识、专注力、主动学习、注重实践、反思与调整、保持好奇心、关注情感需求和与他人合作。以灵魂在场的态度不仅在当下能够更好地贴切与新高考的复习备考要求，而且从长远来看也有助于实现个人健康成长，提高生活质量，创造更美好的未来。

就高三阶段学习与生活来看，以灵魂在场的态度投入复习备考就是要做到增强自我意识，关注生命价值的思考，明确自己的学习目标和责任，更加执着地投入到复习备考中；保持专注，在备考中尽量排除干扰，集中注意力，平时的周测、月考、调考成绩的起起伏伏、周围环境的变化和人际交往等都不应该成为扰乱心智的因素；主动学习，把自己的思想和情感放进去，站在作者角度思考，不要只是被动地接受知识和信息，而要主动思考、提问和探索，深入理解知识背后的情感态度价值观，自觉培养创造性思维和解决问题的能力；注重实践，学会将高三备考不断积累的知识和方法应用到实际生活中，将知识关联进行结构化，通过实践来巩固和拓展知识，将知识的体系和思想方法内化为自己的理解、辨析、预测、评价、创新能力；反思与调整，定期对自己的复习过程进行反思，总结经验教训，调整复习备考的方法和策略，不断提高复习效果，更好地实现阶段性的备考目标；保持好奇心，对复习的内容要尝试换角度去理解分析，做到温故而知新，勇于尝试新的解题方法，适度拓展学科知识领域，提高自己的自主学习能力；关注情感需求，在复习备考过程中，关注自己的情感需求，多样性培育高三阶段的各种兴趣爱好来配合复习进程，做到劳逸结合，学会调节情绪，保持积极的心理心态，努力提高复习备考的效果；与他人合作，尽可能多与同学分享学习经验，互相学习，共同进步，建立良好的同学关系，善于从同学和老师身上学到更多有益的思维方法和治学品质。

美好的师生情谊地久天长

国庆期间，毕业的学生纷纷来校看老师，很欣慰有好多孩子虽然没有教过，也跑来办公室找我，汇报学习，谈笑叙旧，畅谈未来，感恩在他们花季年华所做的一切。办公室里欢声笑语、其乐融融，让我觉得自己好像也年轻了许多。这么多年以来，我一直非常珍惜一届又一届真挚的师生情谊。

师生之间的情谊是如此美好，它如同春天的阳光一样温暖明媚，如同夏天的雨露滋润甘甜，如同秋天的果实绽放收获的喜悦，如同冬天的雪花传递着希望的思念。师与生虽然在一种神奇的偶遇中经历短暂的邂逅，但是师生之间的情缘会在平等、尊重、理解、包容、接纳、爱护的维系中长久相守，共同实现各自美好的人生愿望。

年轻教师刚刚踏上讲台，一定也渴望在自己的教育生涯中与学生建立一段美好的师生情谊，那么其中的秘诀在哪呢？

首先，我们需要理解学生。理解是建立情谊的起点。每个学生都是一个独立的个体，他们有自己的思想、情感和梦想。我们不能以成人的眼光去看待他们，而应该尊重他们的个性，理解他们的情感。应该用心去听他们的声音，用心去感受他们的困惑，用心去理解他们的想法。只有这样，才能真正地理解他们，才能真正地走进他们的心里，才能真正地与他们建立起深厚的情谊。

其次，我们需要关爱学生。关爱是建立情谊的桥梁，是拉近师生关系的有效途径。我们应该关心学生的生活、学习和成长，在他们遇到困难时给予真诚的帮助，在他们失落时给予及时的鼓励，在他们成功时给予开心的赞扬；应该用爱心去温暖他们，用关怀去陪伴他们，用行动去支持他们。只有这样，才能真正地走进他们的生活，才能真正地为他们的人生发展指路领航。

再次，我们需要尊重学生。尊重是建立情谊的基石，是保持师生关系的重要原则。我们应该尊重学生的选择、意愿和权利；应该平等地对待每一个学生，公正地处理每一件事情，公平地评价每一次表现；应该用我们的尊重去赢得他们的信任，用尊重去维护他们的尊严，用尊重去塑造他们的人格。只有这样，才能真正地赢得他们的信任，才能真正地维护他们的尊严，才能真正地塑造他们的人格。

最后，我们需要激励学生。激励是建立情谊的动力，是推动师生关系发展的重要因素。我们应该激励学生去追求他们的梦想，激励学生去实现他们的目标，激励学生去挑战他们的极限；应该用信念去激发他们的潜力，用热情去点燃他们的热情，用行动去引导他们的行动。只有这样，才能真正地激发他们的潜力，才能真正地点燃他们的热情，才能真正地引导他们的行动。

还是教育家苏霍姆林斯基《给教师的一百条建议》说得好，教育技巧的全部奥妙在于如何热爱学生。因为热爱学生，所以师与生的情深意浓、地久天长。

让研究成为一种习惯

从着手每天写教育随笔开始已经坚持快50天了，越来越体会到日常工作和平凡生活中的信息爆炸、问题层出。每个思考都穿插于忙碌的各种工作之中，有时还真的来不及细致探索，仅仅大量的教育类信息和问题，就已经是浩如烟海。因此，我想还是应该从中筛选出有价值的重点方向进行深入研究，要让研究成为一种习惯。

原来总认为研究是学术界的事情，是大学教授们干的活，我们基层教育者只需按照上级部门的文件和政策要求执行就可以了，现在看来不行了。这个百年未有之大变局影响的是我们社会生活的每一个角落，很多新问题在教科书和文件上找不到答案，需要进行从理论到实践的探索，从而解决实际问题。

在这个创新不断的时代，首先，我们要把研究作为一种学习的方式。通过研究来学习新知提高技能，如果只是被动地接受，可能很快就忘记，唯有亲自在学习实践中研究才能更深入地理解新知、应用新知；其次，要把研究作为一种解决问题的方式，各种各样复杂的问题被我们发现或者遇到时，通过研究来找出问题的根源、理论的支撑，这样才可能科学地找到解决问题的方法；最后，要把研究作为自己工作和学习中的一种习惯。要有足够的耐心和毅力去付出时间和努力，只要坚持下去就能够在这种习惯中体验到成功解决问题的欣慰与自豪。

教育家魏书生说：人一旦从研究的角度来看待他的本职工作，那么无论他的工作多么平凡，都会有无穷无尽的研究价值，同时也就有无穷无尽的乐趣。莱纳斯·卡尔·鲍林(Linus Carl Pauling)也说：如果一个人在进行教育的同时也进行研究，那么他的教学效果一定会得到进一步的提高。让研究成为一种习惯对于提高研究者的学术能力、培养在工作和生活中的终身学习能力非常重要，作为我们教育人来说，重点研究“学生、课堂和专业”这三个问题。学生板块重点研究立德树人和“五育”融合的有效落地落实、新时代的学生身心发展规律及其遵循、未来社会发展学生应具备的综合素养；课堂板块重点研究教与学方式的传承与变革、教育数字化转型的实践探索、拓展类课程开发及其与常规课堂融合；专业板块重点研究适应时代发展的必备知识和关键能力、学科专业前沿发展与基础教育的关联、教育学心理学教法学法及相关科学进展。三个板块需要我们研究的非常多，而且具有很强的现实意义。

把研究作为一种习惯，需要有积极的态度，不能因为研究的困难而放弃，也不能因为研究的结果不如预期而沮丧，相信只要坚持研究就一定能够找到答案。

把研究作为一种习惯，需要有开放的心态，不能局限于已有知识和经验，要敢于尝试新事物和新观点，只有这样才能在研究中发现新问题，提出新方案。

把研究作为一种习惯，需要有创新的精神，不能满足于现有的知识和技术，要不断地寻求创新、挑战自我，只有这样才能在研究中找到新机会，实现自我超越。

总之，让研究成为一种习惯，是一件既有挑战又有回报的事情。我的执行建议是设定明确目标、制订务实计划、选择合适方向、组建研究团队、及时记录总结、定期评估进展。生命短暂，让我们培育习惯之中享受研究与探索的快乐，在研究与探索之中创作一幅自己的人生作品，成为一名有思想的教育人！

严禁假期和双休补课能否奏效

近日来，河南省教育厅宣布所有年级严禁假期和双休补课，在社会上引起广泛热议。应该说，这一决定出于教育公平和学生身心健康的考虑，我还是非常赞成的。

首先，这一决定有助于消除教育资源的不均衡。在现实中，由于家长对孩子的期望和对教育资源的追求，往往会选择参加各种补习班，这在一定程度上加剧了教育资源的不均衡。严禁补课可以使得所有学生在同样的时间和环境下接受教育，有利于提高教育公平性。

其次，这一决定有利于保护学生的身心健康。过重的学业负担和频繁的补课活动，对学生的身心健康造成了一定的影响。严禁补课可以让学生有更多的时间进行课外活动和休息，有利于学生的身心健康。

然而，这一决定仅仅从浅层次结果分析，其可能带来更多后续问题。例如，一些家长可能会选择私下组织补课，这可能会导致教育资源的进一步不均衡。此外，对于一些学习基础较差的学生，如果没有补习的机会，可能会影响他们的学习进度。

我们应该站在更加全局的角度来审视补课现象的深层次原因。十八大报告中早就对我们社会面临的主要矛盾有一个论断，如果从教育的角度来分析，即人民对美好生活的向往在教育上最突出的体现是对公平、优质、多样化、个性化和终身学习的期待，希望通过教育让自己的孩子能够立足社会，实现阶层跃迁。

公平优质的教育资源。人们期望所有孩子都能享有平等的教育机会(包括优质的师资、设施和课程资源)，不论他们来自何种家庭背景，以便每个孩子都能接受良好的教育。

素质教育的广泛认同。除了学术成绩，人们越来越重视培养学生的综合素质，如创新能力、团队协作、道德品质等，这些素质对于孩子们未来的成长和发展至关重要。

个性化教育的更高追求。人们期望教育能够关注每个孩子的个性和兴趣，提供个性化的教学方法和资源，让每个孩子都能在自己擅长和喜欢的领域发展。

终身学习的必然趋势。随着社会的发展，知识更新的速度越来越快，人们期望教育能够帮助他们养成终身学习的习惯，以便在未来的生活和工作中不断适应新的挑战。

以上这些期待就是强大的动力，推动着整个社会各领域、各部门、各阶层都在围绕这一目标进行部署，并已经形成了非常密集交错、利益捆绑的相关链条，真的是牵一发而动全身，无论教育竞争如何卷，所有各方都不会首先躺平放弃机会和利益的争取。所以我认为，虽然出发点和方向是对的，但是仅仅靠单一的严禁规定是达不到目的的，或许还会滋生出新的更加难以掌控的问题。现在唯一可行的是从整个社会发展的大格局上综合考虑，因势利导，顺势而为，逐步从各个层面进行改善，下陡坎式的命令只会是一阵风刮过去，然后死灰复燃。这的确是一个大难题，需要用等待发展、顺应发展的思路来解决。

浅谈新时代教育家精神

2023 年 9 月 9 日，习近平总书记在给全国优秀教师代表的致信中阐释了教育家精神的内涵：心有大我、至诚报国的理想信念；言为士则、行为世范的道德情操；启智润心、因材施教的育人智慧；勤学笃行、求是创新的躬耕态度；乐教爱生、甘于奉献的仁爱之心，胸怀天下、以文化人的弘道追求。

这六个方面充分体现了世界百年未有之大变局下中国特色社会主义理论对教育家精神的特有诠释，分别蕴含着国家至上、师德涵养、专业实践、发展路径、崇高情怀和格局担当。那么，如何理解教育家和教育家精神呢？

“家”即经营某种行业，掌握某种专门学识、有丰富实践经验以及从事某种专门活动的人。

“教育家”是指能洞察教育本质并建立深刻的教育理论体系、在教育发展史上作出理论与实践的贡献、师德品格具有示范引领作用的集大成者。

成为教育家的标志可以聚焦在三个“有”：有科学系统的教育思想、有务实创新的教育实践、有傲雪风骨的教育担当。

“教育家精神”是指处在教育强国建设关键期和教育深化改革攻坚期所展示出来的坚定信念、崇高人格和专业素养，是中国大地对教育事业健康发展普遍认同的价值理念。

在新时代背景下，赓续中华文明、推动国家教育事业不断向前，实现中华民族伟大复兴的中国梦，必须大力弘扬教育家精神。弘扬教育家精神不仅是加快建设教育强国的内在要求，更是推动教育变革转型、实现教育高质量发展和教育现代化的关键因素。

对于基础教育工作者来说，弘扬教育家精神就是要做到“立足现实、勇于追求、创新探索”。立足现实就是要本着教育初心，脚踏实地、实事求是地把本职工作高质量做好，办人民满意的教育。勇于追求就是要胸怀国家民族大义，把崇高的教育理想逐步转化为教育实践，实现高质量的教育。创新探索就是要不断总结反思，运用最新教育理论去破解教育改革深水区的屏障，探索特色多样的教育。

警惕对拔尖创新人才培养的错误认知

拔尖创新人才培养是当前非常热门的话题，尤其是党的二十大报告提出了“全面提高人才自主培养质量，着力造就拔尖创新人才”的战略任务之后，各级各类教育管理部门和学校都给予了高度重视。这项战略任务对整个教育体系提出了艰巨的挑战，也给各级各类学校带来了重要的发展机遇。

应该说自主培养、使用拔尖创新人才的主战场是在高水平研究型大学和科研院所，义务段学校和普通高中则是在拔尖创新人才培养上承担着早期责任，即通过变革课程体系与教育评价、创新教与学方式等探索，着力夯实拔尖创新人才培养的综合素质基础和底座规模基础。但是从目前很多地区和学校的实践探索来看，要谨防对拔尖创新人才培养的认知和实践的偏差。

首先，要明确拔尖创新人才培养的根本任务是要围绕国家战略需求，聚焦科技创新核心人才队伍建设，着力培养顶尖人才、领军人才、高端人才和骨干人才，从根本上解决“卡脖子”技术领域的难题。所以科技教育和工程教育应该作为各类学校攻关的核心方向，对于基础教育阶段的早期培养体系应该紧紧围绕这个方向去建立，不能错误理解为仅仅是发现早慧儿童、做一些超前教育、培养少年天才这么单一的工作。

其次，要明确拔尖创新人才培养的前提条件是要基于全面建设社会主义现代化国家的事业需要，构建量大面广的梯度型人才结构，构筑稳固的基本盘。因此，所有基础教育阶段的学校都要把“为了一切学生的发展”作为办学宗旨，在整体性提升教育质量的基础上构建拔尖创新人才脱颖而出的机制。如果丢掉全面而又基础性的教育，所有学校都是一窝蜂似的抓小放大，仅仅认为只需要把少数顶尖学生培养好，那就走到了一个非常危险的极端。

再次，要明确拔尖创新人才培养的系统研究是要实现人才的发现、识别、培养、评价、定向等环节的一体化。在基础教育的早期培养阶段要适时跟踪反馈，及时调整不适合继续高端培养的学生，避免人才培养的盲目性和机械性。在高等教育培养阶段要加强国家立场教育和科技工程创新能力培养，防止把拔尖创新人才早期培养作为一些高中掐尖招生、片面追求只为升学的竞赛成绩和清北录取人数的宣传噱头，特别要关注那些倾注大量精力和心血培养的拔尖创新人才有没有朝着国家使命方向发展。

最后，要明确拔尖创新人才培养的资源保障是要构建打通“小初高大”一体培养的“教联体”。加强小学、初中、高中到大学、科研院所、国家实验室、高新企业等的协同链接和资源整合，至少应该以市级教育主管部门为总牵头，系统调度拔尖创新人才培养所需要的各级各类优质课程资源，给予特殊、规范的政策条件来保障一体化贯通培养体系中学习方式的丰富性和创新性。既不能以特色发展为由，各自为战导致重复耗费本来就非常稀缺的优质教育资源，也不能将这些优质资源过于集中在一定区域内某几所学校，从而造成教育资源供给的不公平和学校之间的不平等竞争。

总之，拔尖创新人才的培养既是一个老生常谈的话题，也是当前迫在眉睫的战略。我们要秉承习近平总书记提出的教育家精神，以求是创新的躬耕态度投入教育实践，充分尊重教育规律和人的发展规律，在办人民满意的教育基础上，实现拔尖创新人才的高质量培养，时时处处要不忘教育初心，切忌因“急功近利、拔苗助长、投机短视”的认知而把这项紧迫又长期的人才培养工程引向歧路。

教师有偿补课必须综合治理

在很多人看来，教师有偿补课是一个司空见惯的社会现象，在教育极度内卷的今天有着相当大的市场需求。尽管上级主管部门三令五申严禁教师有偿补课，也颁布了相应的处罚条例，但是依然有教师明着不行暗中搞，多人不行单独搞。总而言之，这个违规现象一直是一个老大难问题。

平心而论，从很多方面考量，我们不能忽视其危害性。有偿补课是指以获取暴利为目的、利用家长和学生的升学焦虑、通过蛊惑学生和家长所组织的有违教育规律的非正常教学行为。一方面，它贬损了教师和教育行业声誉，将师生关系推向赤裸裸的金钱关系，扭曲了教师的职业观和价值观，导致教师不安心于校内教学甚至是疏于教育职责；另一方面，它破坏了教育公平，长远来看加剧了城乡区域之间和贫富人群之间的教育差距，放大了教育焦虑，导致教育不合理消费，影响学生身心健康发展和社会家庭稳定。

教师是塑造灵魂的工程师，是学生未来人生的引路人，他们的行为举止对学生的成长有着重要影响。习近平总书记号召全体教师要弘扬教育家精神，要有言为士则，行为世范的道德情操。因此，我们应该站在促进国家富强民主、社会和谐稳定和维护教育公平的高度，以高压态势坚决治理教师有偿补课，以师德规范引领教师的教育教学行为，努力提高教师的职业素养，促使教师集中精力提高课内教育教学质量，维护良好的教育生态，保障党的教育事业的健康发展。

治理有偿补课要在全社会形成广泛共识，并从以下几个方面着手综合整治：

其一，各级政府、宣传部门、教育主管部门和学校要下大力气向社会家长宣传教育政策、教育规律、教师职业道德规范要求和违反师德行为的处罚措施等；高度重视教育发展，不断优化教育资源配置，提高公立学校的教育质量，减少学生对有偿补课的需求，同时要努力提高教师待遇，确保他们能够专心于本职工作，减少因经济压力而导致的有偿家教行为。

其二，学校要持续强化师德教育，学习教师有偿补课的处罚规定，让他们认识到有偿家教对学生、家庭和社会的负面影响，自觉抵制有偿补课行为；开展高质量的学校教学研讨和教育科研活动，为教师专业化发展提供优质平台资源，不断推动教与学方式的变革，建立“不让每一个孩子掉队”的管理机制和评价机制，真正关心关爱每一名学生，促进学校办学质量的整体提升。

其三，各级教育部门、学校、媒体和社会公众联合加强对教师有偿补课的监管和执法力度，形成对有偿补课行为的社会舆论压力；鼓励广大师生和学生家长积极举报教师有偿补课行为，定期开展针对教师有偿补课的专项整治行动，依法严肃处理违规行为，形成全社会共同参与治理的良好氛围，努力营造良好的教育环境。

时代发展和“中国梦”赋予学生成长新要求

实现时代发展和“中国梦”的人才需求对基础教育提出更高的价值追求。我们应该从以下五个方面培养面向未来的中国学生。

1. 引领学生树立正确的价值观，培养纯洁的爱心情趣，让学生打造自己的精神家园。

教师是学生的引路人，要引导学生形成正确的世界观、人生观和价值观，让学生了解社会的多元化，理解不同的文化和观念，培养他们的包容性和接纳性。组织开展丰富的社会实践活动，如志愿服务、社区服务等，让学生在实践中体验帮助他人的喜悦，培养他们的爱心情趣。灵活多样地开设道德教育课程、人文课程和信仰课程，用爱心和耐心去引导孩子认识世界，帮助他们打造自己的精神家园。

2. 唤醒学生内生发展动力，培养终身学习主动性，让学生自主做有意义的选择。

教师要建立积极向上、和谐友善的班级文化，创造优良的学习环境，教会学生如何自主学习，让学生感到学习是有趣和有意义的；引导学生在实践中学习和探索，在课堂上提供个性化的学习路径，帮助每个学生找到适合自己的学习方法；鼓励学生做出有意义的选择，比如选择自己感兴趣的课程，选择自己想要深入研究的问题等。

3. 促进学生全面健康成长，培养学生的综合素质，让学生实现五育融合的发展。

教师要切实关心学生思想与生活，及时了解学生心理需求，针对班级实际设计更加全面的教育活动课程，让学生在各个方面都得到发展并全面提高自身素质；支持学生参与社团组织，指导他们开展丰富多彩的课外活动，让学生在实践中提高自己的能力，培养社会责任感和自信心；鼓励学生积极参加体育锻炼，强健体魄；培养学生的劳动观念和劳动技能，养成良好的劳动态度和习惯。

4. 教会学生发掘自身潜能，培养适应未来的特长，让学生做到差异化特色发展。

教师要教会学生如何认知自我，包括了解自己的兴趣、优点和缺点，鼓励学生尝试新事物，勇于挑战自我，引导学生在实践中发现自己的潜能并培养相应能力；根据每个学生的特点和需求提供个性化的指导，针对性地发展学生的特长；在培养过程中及时给学生提供反馈，让他们知道自己的进步和存在的问题，对学生的努力给予及时与充分的认可，让他们感到自己的努力是有价值的。

5. 明亮学生寻找问题的眼光，培养探究创新的能力，让学生以解决问题获得成就感。

教师要提供问题导向的学习与实践环境，鼓励学生提出问题并解决问题，教授学生探究和创新思维的技巧，如探究方法、批判性思维和创新性思维等，指导学生提出具有创新性的问题解决方案；帮助学生建立自信心，让他们相信自己有能力解决问题，推动学生以强大的动力和热情去探索，体验解决问题并取得成功的愉悦，形成更加稳定的发现、分析、探索、解决问题的心理特质。

培养未来人才所需具备的核心素养

又到了一年一度的大学生求职季，当下的就业形势更加严峻。昨晚一位老同事在微信中告诉我，他跟在上海金融机构实习的儿子视频了 104 分钟，不断做孩子的心理指导，以此缓解孩子多次求职面试后产生的困惑。我们在交流过程中体会到现代社会对人才的要求越来越高。作为基础教育工作者，我们不能短视地认为把孩子送进大学就了事，真的是要着眼于孩子应对未来竞争与挑战去思考，令未来人才所要求的核心素养在基础阶段就牢牢扎根。

有时候深入思考发现，就业前景非常好的专业也就只有少数几个。绝大多数孩子高考进入大学后所就读的专业不一定有很大的就业市场，何况教育改革往往滞后于市场变化。面向瞬息万变的世界和职场，我们教育出来的学生是否具有最基本的自我调整和自我适应能力就显得非常重要。往基础教育阶段回看，就是不能培养死读书、读死书的人，要把未来人才需要具备的核心素养在具体的教育教学实践中进行渗透培养，概括来说有以下十个方面。

1. 创新能力。在不断变化的世界中，创新是推动社会进步的关键，未来人才需要具备独立思考、解决问题和提出新想法的能力。

2. 学习能力。随着知识更新速度的加快，终身学习成为必要，未来人才需要具备快速学习新知识、技能和方法的能力。

3. 团队协作能力。未来的工作越来越依赖于团队合作，良好的沟通、协调和合作能力，能够与他人共同完成任务，是未来人才的重要素质。

4. 跨文化沟通能力。全球化趋势使得跨文化交流变得越来越重要，未来人才需要理解和尊重不同文化背景的人，以便更好地与他们合作。

5. 信息技术能力。信息技术的发展对各行各业产生了深远影响，基本的计算机操作、网络应用和数据分析等技能，是未来人才的基本要求。

6. 适应能力。未来世界充满不确定性，未来人才需要具备较强的适应能力，能够在不断变化的环境中迅速调整自己，找到适合自己的发展方向。

7. 领导能力。未来的领导者需要具备激发团队潜能、制定战略方向和解决复杂问题的能力，具备这些能力的个体更容易在未来的竞争中脱颖而出。

8. 道德素养。在全球化背景下，道德素养成为衡量一个人品质的重要标准，未来人才需要具备诚实守信、尊重他人、关爱环境等基本道德品质。

9. 情绪管理能力。面对工作和生活中的压力，未来人才需要具备良好的情绪管理能力，保持积极的心态，应对各种挑战。

10. 自我管理能力。未来人才需要具备自我管理、时间管理和目标管理等能力，以便更好地规划自己的职业生涯，实现个人价值。

如果基础教育阶段我们能够坚持从以上十个方面渗透对学生适应未来发展的素养培养，那么我们的学生就会在竞争异常激烈的市场环境下拥有稳定的求职心态，能够根据市场动态将自己的专业与多方面特长进行有机融合，能够借助自身强大的终身学习力和超强的适应能力迅速调整自己的努力方向，不断创新出跨界融合的发展极，这样何愁不能找到自己创业的新路径呢？因此，我们基础教育工作者既要把握好今天的升学任务，更要从长计议地去培育学生适应未来发展的素养，这才是教育人“百年树人”的初心！

教育就是要教学生求真

教育的目的不仅仅是传授知识，更重要的是培养人的思维方式和价值观。求真是一种重要的思维方式，它要求我们在认识世界的过程中，始终坚持真实性、客观性和科学性。

求真是一个深远的概念，它主要涉及对事物本质的追求和对事物发展规律的探索。具体来说，求真就是追求事物发展的真理所在和寻找事物发展的客观规律，这个过程是在科学的理论与方法的指导下进行的；求真也被视为求是的一种表现形式，即依据解放思想、实事求是、与时俱进的思想路线，去不断地认识事物的本质，把握事物的规律。在这个过程中，人们需要将理论与实践相结合，通过实践来验证理论的真实性、客观性和科学性；求真是一种追求知识和真理的态度和行为，它要求我们在面对复杂的世界时，保持清醒的头脑，勇于质疑，敢于探索。

当前新高考背景下以核心素养为导向，其终极目标就是教人求真。因为求真教育要求学生具备独立思考的能力，不盲从权威，敢于质疑和挑战现有的观念和理论，通过培养学生的独立思考能力，使他们在面对复杂问题时，能够运用批判性思维去分析问题，从而得出正确的结论；求真教育要求学生在学习和生活中，始终保持实事求是的态度，对待问题要真实、客观、全面地去了解和分析，这种态度有助于学生在面对困难和挑战时，能够保持冷静和理智，从而更好地解决问题；求真教育强调科学精神的培养，包括对科学的热爱、对真理的追求、对创新的渴望等，通过培养学生的科学精神，使他们能够在未来的学习和工作中，始终保持对科学的敬畏和对真理的追求，从而为社会的发展作出贡献；求真教育还要求学生具备良好的道德品质，诚实守信、尊重他人、关爱社会等，这些品质是一个人在生活中取得成功的基石，也是社会和谐发展的重要保障；求真教育有助于提高个人的综合素质，包括知识、能力、品质等方面，一个具备求真精神的人，更容易在学习、工作和生活中取得成功，实现自我价值；求真教育有助于培养出具有创新精神和实践能力的人才，为社会的科技进步、经济发展和文化繁荣作出贡献，推动国家和社会的发展。

总之，教育就是要教人求真，培养学生独立思考、实事求是的科学精神和良好的道德品质，这样的教育才能培养出真正有价值、有担当的人才。以必备品格和关键能力为基本考查方向的新高考就是朝着这样的改革目标迈进，因此，要把求真的理念牢记心中并贯穿于整个教育教学的始终。

培育科技素养彰显科技特色

党的二十大报告强调“教育、科技、人才是全面建设社会主义现代化国家的基础性、战略性支撑”。教育孕育未来，科技彰显实力，人才是战略资源，三者的协同配合是提升综合国力的根本保障，这就要求我们必须树立并践行“三位一体”协同发展的“大教育观”。

早在20世纪80年代，我校就以科技教育特色名满全国，在各级各类科技比赛中成绩卓著，学校先后被科技部、教育部命名为全国科技教育实验基地、中国科学院武汉科普教育基地、武汉市知识产权实验基地，多次被评为武汉市科技教育、环保教育、知识产权先进校。

2016年学校步入新的发展周期，我们继续秉承“一切为了学生的发展，为了一切学生的发展”的办学宗旨，紧紧围绕创建“三化一特”(信息化、现代化、国际化、科技特色)领航校的发展目标，积极推动校园科技创谷建设，广泛开展群体性科技教育，着力培养学生创新精神和实践能力，应该说这个发展定位还是非常超前的。

一、融合科技教育提升科技素养

科技素养是指对科学技术的基本认识和理解，包括科学技术的基本概念、基本知识、基本方法和技能，以及科学技术在社会生活中的应用。科技素养是科学素养的一部分，而科学素养又包括科学态度，科学知识、技能，科学方法、能力和科学行为、习惯等方面。高中阶段是培养学生科技素养的重要时期，应该加强对学生的科学教育，包括强化物理、化学、生物等科目的教学，开设STEM课程或组织STEM活动；组织或鼓励学生参加各种科技竞赛，为学生提供科技创新平台，让学生有机会进行科技创新和实践活动，引导学生关注科技前沿，了解最新的科技成果和技术发展趋势，激发他们的创新思维和探索精神。

我校科技教育不仅重在课堂主渠道的渗透，还开发以校本教材《创新改变我们的生活》为蓝本的系列科技课程。定期邀请中国科学院科普演讲团、科技领域的专家来给学生们做科技创新主题报告，坚持每年组织近百名学生参加中国科协在各地高校举办的科技夏令营活动，组织学生同步参与中国科学院下属分院和研究所的课题探究活动，充分利用地方资源组织学生参观华中科技大学同济医学院的国家级实验室、军队某部的国产大型运输机等，丰富的科技活动课程为学生的个性发展打开广阔天地，点燃他们科技创新思想的火种。

近年来，我校倾力打造十一中校园科技创谷，为学生提供了诸如数字图书馆、3D智造空间、计算机编程教室、AI人工智能实验室、Python语言编程教室、头脑奥赛教室、机器人编程中心和竞赛中心等硬件设施，坚持举办丰富多彩的校园科技节活动。每次活动中，每位学生都会提交一份科技创新提案，很多优秀提案都转化成非常有分量的科技论文和发明专利，在这些创新的空间和平台上，学生深刻体会到科学探究的魅力与快乐。

袁啟鸣、谢洵敬等同学在参观武汉桥梁展览时，惊奇于桥梁奇妙的物理结构，萌发对结构力学的研究欲望。科技导师带领他们研究与之相似的头脑奥林匹克大赛结构题并在武汉市头脑奥赛获一等奖、第 39 届国际头脑奥林匹克大赛获得三等奖。陈飞扬同学自幼喜欢科学探究，他怀着创新的梦想积极参加了我校与中国科学院联合举办的课题研学活动，跟随科学家一起进入实验室做前沿课题，在中科院的科学家和我校科技导师联合指导下，完成的高水平研究论文《光谱仪原理及橄榄油品质快速检测方法研究》在《中学生数理化》杂志发表。我校每年都有上百名学生通过独创的科技成果、科技发明获得高校自主招生的青睐。

多年来的科技教育实践告诉我们，只要孩子们有创新的灵感和欲望，我们就要去呵护他们、去成就他们，这样学生们才能在创新思维品质和实践能力上得到充分发展。

二、推动科技赋能教育发展

教育和科技是密不可分的，科技的发展为教育提供了新的手段和方式，《教育信息化 2.0 行动计划》倡导智慧教育要紧紧围绕着“学习环境的技术性、学习者的个性化、教育目标的创造性”三大要素，充分运用现代信息技术，对教育过程中的各种信息与情境进行感知、识别、分析、处理，以提供快速反馈、决策支持、路径指引和资源配送，更加智慧地优化教育的智慧，因此，我们要充分利用新技术赋能学校管理方式、教师教学方式、学生学习方式转变，变革教学和评价模式，推动教育体制机制创新。

我校以中国教育学会“十三五”规划课题《基于信息化的学校治理体系和治理能力现代化的研究》为驱动，对标湖北省数字化示范校建设方案，与科大讯飞、阿里等名企开展了五年多的深度合作，不断探索“管理环节痛点、核心素养培育、教师专业发展”这三个问题，初步形成了智慧管理、智慧教学、智慧学习三大系统的智慧教育体系。

1. 整体布局，稳步推进智慧管理

从 2016 至今重点在校务管理、常规落实、后勤服务上开展了符合校本特色的数字化应用，在精准数据分析的基础上构建科学评价与决策的智慧管理新生态。

校务管理方面：我们采用钉盘存储，从点到面逐步展开诸如校园公告、会务签到、考勤管理、请假申报、民呼我应、视频会议、钉钉电话等场景应用，高效率实现校内校外、上上下下的沟通交流。

常规落实方面：我们建设学校、年级、班级、家庭、学生五层立体架构，将学生考勤、疫情防控、卫生检查、课堂巡查、家校通知、视频会、心理咨询、常规问卷、专题讲座等纳入信息化管理，拓展了常规工作的方式和阵地。

课程管理方面：我们充分利用资源平台，统筹推进三级课程管理与开发，不断完善课程建设；面对新高考，我们结合校情，选用讯飞的高考选科和自动同步智能排课系统，一键输出最优排课方案，大大提升了课程管理的效率。

教学管理方面：我们在科大讯飞云计算、大数据统计分析技术支撑下，各部门实时获取包括课堂教学应用分析、考试测验应用分析、学生学业质量分析等数据，为教学管理的全方位、全流程、专业化监控提供科学依据。

后勤服务方面：我们使用安全隐患报警、电教报修、总务报修、智能工资条、智能餐厅系统(远程 APP 智能缴费、人脸识别进餐、个性化备餐)、校园供电全智能化，实现了信息化的后勤服务，极大地优化了校园生活，做到了让师生和家长安心、省心、舒心。

2. 聚焦课堂，积极探索智慧教学

我们始终把课堂教学改革作为关注的焦点，深入思考如何使教师多年来所积累的宝贵的教育经验得到更加智能的优化，积极与科大讯飞达成示范校合作协议，在备、教、改、导、考、析、评等教学诸环节中逐步开展智能化研究。

(1)培养“智慧教师”，全面提升教师信息化素养。智慧教学目标的实现首先必须要有新时代的智慧教师。2016 年开始我们依托信息化应用专项培训和讯飞的驻校指导，从种子骨干到全体教师、从校外取经到校内实践、从专家引领到校本研修、从基础应用到学科融合，走过了一段异常艰辛的培训之路，逐步摸索出以“教师专业发展建设体系”为框架的智慧教师培养长效机制。

我们每学年坚持运用凡龙常态化录播设备和讯飞智慧课堂系统开展智慧教学的教研，广泛开展信息技术与学科教学融合的教育科研。基于信息化的科研和教研极大地调动了教师研究技术、融合应用的积极性和主动性。从大数据统计可以看出，我校教师在信息化使用频次和融合深度上较五年前有了很大变化，智慧教师的队伍不断壮大。

(2)探索“智慧课堂”，全面推进高效课堂建设。智慧课堂从形式上看，虽然并不在于是否使用了信息技术，但是充分运用信息技术来变革课堂教与学的方式，突出学科关键能力的培养，提升学生核心素养还是非常有必要的。因此在构建智慧课堂模式中坚持强调“只有融合才有意义，只有围绕教学的智慧进行优化才是最好的智慧教学”的导向，推动教学进程六大环节的融合探索。具体来讲就是：确定学科核心内容（基于信息化建设校本资源库，拓展学生阅读能力）；设计恰当的情境（基于信息化创设现实学习生活情境，培养学生信息素养）；提出反映学科本质和学科思想的问题（基于信息化实现学科建模，增强课堂生成性与交互性）；组织学生主动有效参与（基于信息化提升学习内驱力，有效发展共性和个性）；引领学生的深度探究与思考（基于信息化变化问题角度，引领高阶思维的训练）；整理知识体系、概括思想方法（基于信息化提炼总结，丰富学科思想和价值）。

(3)推动“智慧扶贫”，全面担当领航学校责任。我们借力信息化，采取线上线下双模式，对口恩施一中、郧西三中和贵州黔西南布依族苗族自治州43所高中实现跨区域的教育精准扶贫。通过远程同步教学推送、特色课程资源共享、教研信息适时交流，圆满完成湖北省委省政府部署的帮扶任务，汉黔教育合作与交流也成了中西部教育帮扶典范，贵州日报、长江日报、中国教育新闻频道、学习强国等主流媒体都进行了报道。

3. 数据驱动，精准指导智慧学习

在教育竞争异常激烈的大环境下，我们一直主张智慧教育的终极目标是最大限度地促进学习者的个性化。而个性化的显著标志就是内驱力的提升和精准的学习。为此，我们从三个方面着手：

(1)设计学习清单，创设学生自主学习情景。教师课前针对重难点编制任务清单并通过智慧课堂平台发送，学生在丰富的校本资源库及第三方资源平台查找资料并完成任务清单，以此学习场景来拓宽学生的阅读视野，提升学生的阅读能力，强化自主学习习惯的养成。

(2)详细分析数据，准确把握课堂教学重点。教师根据任务清单反馈的数据进行分析，及时调整课堂预设，课中运用智慧课堂系统和智学网的阅评系统的动态数据，实现“学讲练考评”一体化课堂教学闭环，确保教师精准把控薄弱环节，突破思维障碍，高效提升课堂获得感。

(3)精准推送报告，实现课后个性化补偿训练。教师依托讯飞智学网平台大数据，以及学生薄弱知识点图谱报告，针对学科教学实际需求提出个性化学习手册配备要求，由学校统一购买服务为学生个性化补偿训练提供支持。

通过智慧教育的探索，我们在优化教育智慧的同时，也收获了教育质量向前发展的喜悦，一大批创新拔尖人才脱颖而出成为国家栋梁之才，学校的各项工作有声有色，成绩斐然。让我们在学生适应新时代发展的奠基阶段，坚持用开拓性的教育情怀去点燃孩子们的创新梦想，用前瞻性的教育智慧去引领他们创造精彩生活！

“与生为友”是为师一辈子的座右铭

可能是年纪越来越大的原因，经常回忆、反思从教三十多年来的人生经历，“与生为友”这四个字真的是我最深切的人生感受和心路历程。

“与生为友”在不同的语境下有不同的含义，我理解一般有三重意义。

其一，“与生为友”见于一些哲学文本中，比如《庄子》中的一篇《大宗师》，在文中“与生为友”体现的是对生死存亡的深刻理解和接纳，是指鼓励人们接受生命周期的自然规律，理解生死只是一个过程，就像白天过后是黑夜一样。因此要把生命当成自己最好的朋友，珍惜珍爱生命的价值，尊重自然规律，以真诚之心和敬畏之心来对待生命。

其二，“与生为友”是指友好地对待每个阶段的生活，生活是一个万花筒，生活也是过山车，五彩缤纷却充满着跌宕起伏，唯有积极向上、勤奋努力的态度才能克服魔幻生活带来的各种意想不到的困难和压力，确定一个自己的初心，不断在自己生命赖以生存的专业领域取得进步和成绩，成就自己的同时也在成就自己的生活，这就是“与生为友”的具体表现。

其三，“与生为友”是对我所从事的教师职业最本质的要求。一日为师，就应该把学生当成自己的朋友，倾尽全力用正能量、大视野、高品位、厚学识和深情谊去影响自己的学生，既然是朋友，就要不论出身、不求索取、不计得失，尊重学生的个性特点，引导、帮助学生走向成功的人生道路，而且要有对学生终身发展奠基与负责的心态，做学生一生的挚友。

“与生为友”是一种人生境界，也是一种职业态度，相信等到自己老到哪里都不能去了的时候，自己将无悔于对这四个字的认知和践行。

从教师专项招聘考试反观大学生素养

又到一年一度的教师专项招聘季，师范院校和985高校具有教师资格证的大学毕业生都有参与竞聘的机会，因此招聘考试的激烈程度可想而知，教育以外的其他行业就业形势也非常严峻，从而使得教师专项招聘考试的素养要求水涨船高，在校大学生如果不能及早了解这个趋势，并在大学期间积极做好相应准备，那么是很难在招聘考试中脱颖而出的。一般来说，考核方会从以下素养进行考核。

1. 专业知识素养。大学生应该具备扎实的专业知识，这是教师专项招聘考试面试的基础。只有具备丰富的专业知识，才能在面试中展示自己的专业能力，赢得面试官的认可。

2. 教育理念素养。教师是传道授业解惑的人，因此大学生应该具备先进的教育理念，关注学生的成长和发展，关心学生的心理健康，注重培养学生的综合素质。

3. 沟通能力素养。教师需要与学生、家长和同事进行有效沟通，因此大学生应该具备良好的沟通能力，能够清晰、准确地表达自己的观点，善于倾听他人的意见，能够处理好人际关系。

4. 教育教学能力素养。教师需要具备一定的教育教学能力，包括课程设计、教学方法、评价方式等方面的能力。大学生应该通过实习、参加教育培训等方式，提高自己的教育教学能力。

5. 团队协作能力素养。教师需要与其他教师、学校管理者等多方合作，因此大学生应该具备良好的团队协作能力，能够与他人共同完成任务，共同解决问题。

6. 自我管理能力素养。教师需要具备良好的自我管理能力，包括时间管理、情绪管理、压力管理等方面。大学生应该学会合理安排时间，调整自己的情绪，应对工作和生活中的压力。

7. 创新能力素养。教师需要不断创新教育教学方法，提高教学质量。大学生应该具备一定的创新能力，敢于尝试新方法，勇于挑战传统观念。

8. 道德品质素养。教师是学生的榜样，因此大学生应该具备高尚的道德品质，诚实守信，尊重他人，关爱社会，具有良好的职业道德。

9. 终身学习素养。教师需要不断学习，更新知识，提高自己的教育教学水平。大学生应该具备终身学习的意识和能力，保持对知识的渴望和对新事物的好奇心。

10. 应变能力素养。教师工作中可能会遇到各种突发情况，因此大学生应该具备一定的应变能力，能够在面对困难和挑战时迅速调整自己的心态和策略，化解问题。

浅谈新时代劳动教育的新变化

劳动教育是中国特色社会主义教育制度的重要内容，直接决定社会主义建设者和接班人的劳动精神面貌、劳动价值取向和劳动技能水平。但是在教育内卷的今天，我们常常看到“三不”现象，即不珍惜劳动成果、不想劳动、不会劳动。无论是在家庭、校园还是社区，劳动这个概念似乎很少被关注，孩子们在家里几乎很少参与家庭劳动，很少帮助父母做力所能及的事，家长也不愿让孩子“耽误学习时间”，从而使得孩子们从小就对他人艰辛劳动成果的获得没有切身体验，导致无视甚至是随意破坏他人劳动成果时有发生，很多孩子基本的劳动技能缺失，常用的劳动生活工具使用都存在问题，整个社会在一定程度上存在着对劳动独特育人价值的忽视，劳动教育正被淡化、弱化。

面对新时代的社会发展和人才素质需求，劳动教育与过去几十年相比，也呈现出诸多新的内涵变化。

1. 理念更新。新时代劳动教育更加注重培养学生的劳动观念、劳动技能和劳动习惯，强调劳动的价值和意义，要求学生认识到劳动是人类社会发展的基础，是实现个人价值和社会价值的重要途径。

2. 内容拓展。新时代劳动教育不再局限于传统的体力劳动，而是涵盖了各种形式的劳动，如脑力劳动、技术劳动、创新劳动等，以满足社会发展的需要。

3. 方法创新。新时代劳动教育采用更加灵活多样的教学方法，如实践教学、项目教学、情境教学等，使学生在实践中学习、在实践中成长。

4. 教育体系完善。新时代劳动教育已经纳入国家教育体系，成为学校教育的重要组成部分，政府和教育部门都高度重视劳动教育，制定了一系列政策措施，为劳动教育的发展提供了有力保障。

5. 社会参与。新时代劳动教育更加注重发挥社会力量的作用，鼓励企业、社会和个人参与劳动教育的开展，要求形成全社会关心和支持劳动教育的良好氛围。

6. 评价体系改革。新时代劳动教育评价体系更加注重学生的全面发展，不仅关注学生的知识技能掌握程度，还关注学生的道德品质、创新能力、团队协作能力等方面的表现。

总之，现在各地区教育机构对于学生的劳动精神面貌、劳动价值取向和劳动技能水平考察已经在综合素质评价、中高考命题等领域中进行了深入实践，取得了一定的效果。但是把劳动教育纳入人才培养全过程，积极探索具有中国特色的劳动教育模式，促进学生形成正确的世界观、人生观、价值观，基层教育工作者还要持续进行探索。

普通高中劳动教育重点关注的三个方向

《中共中央国务院关于全面加强新时代大中小学劳动教育的意见》(2020年3月20日)中明确指出：劳动教育的总体目标是通过劳动教育，使学生能够理解和形成马克思主义劳动观，牢固树立劳动最光荣、劳动最崇高、劳动最伟大、劳动最美丽的观念；体会劳动创造美好生活，劳动不分贵贱，热爱劳动，尊重普通劳动者，培养勤俭、奋斗、创新、奉献的劳动精神；具备满足生存发展需要的基本劳动能力，形成良好劳动习惯。

根据普通高中学生的特点，我们在实施劳动教育时重点关注以下三个方向。

1. 培养学生的劳动观念和劳动习惯。使学生认识到劳动是人类社会发展的基础，是实现个人价值和社会价值的重要途径，培养学生尊重劳动、热爱劳动的观念，树立正确的劳动价值观。

随着社会进步、科技发展、财富提升和智能优化，当今家庭需要孩子们动手劳动的事确实少了，“一键式”“一站式”服务形态渗透在社会生活的每个角落，很容易让孩子们误认为今后追求不劳动、“躺平”是天经地义，恰恰相反，劳动的观念和习惯仍然是人类社会发展的重要前提，没有劳动，就没有新生活；没有劳动，就没有新创造；没有劳动，就没有新价值。

2. 培养学生的劳动技能和劳动品质。通过劳动教育，使学生掌握一定的劳动技能，如家务劳动、农业劳动、手工劳动等，在劳动中培养诚实守信、勤奋刻苦、团结友爱等优良品质，为将来的社会生活做好技能和道德准备。

生活与工作的质量提升不可能完全依靠机器是当前人们的共识，在人类文明几千年的发展进程中，蕴藏着丰富多彩的劳动智慧，对现代化文明的诞生具有启发和推动作用。传承中华传统劳动技能，丰富和发扬民族劳动文化，感悟和践行华夏大地生生不息的劳动品质，是我们这个时代劳动教育的核心内涵。

3. 培养学生的劳动创新和劳动协作。将传统劳动教育赋予创新意识和能力的开发，激发学生的创新意识，培养学生的创新能力，并通过集体劳动，使学生学会与他人合作，培养团队协作精神和能力，为将来的科技创新和社会发展作出贡献。

高中的劳动教育要在以日常生活劳动、生产劳动和服务性劳动为主要内容的基础上，结合产业新业态、劳动新形态，注重开发选择新型、有创意、服务性劳动的内容，强化孩子们的职业体验和团队精神，培育有中国情结的劳动自立意识和主动服务他人、服务社会、创新生活的情怀。

劳动教育中如何培养创新精神和能力

新时代劳动教育的最显著特征就是要充分体现时代特征，即劳动教育的内容和载体要适应科技发展和产业变革趋势，针对劳动新形态，注重新兴技术支撑和社会服务新变化，倡导产教融合，改进劳动教育方式，培养科学的劳动精神，提高创造性劳动能力。

在劳动教育过程中，要牢牢把握以下五个环节来培养学生的创新精神和能力。

一是问题发现与解决环节。在劳动过程中，学生需要发现问题、分析问题并寻求解决方案，可以通过激发学生敏锐的观察力、批判性思维和创造性思考能力来完成。

二是实践操作与技能运用环节。劳动教育强调实践操作，学生需要在实际操作中运用所学知识和技能解决问题，可以指导学生在动手实践的过程中，将理论与实际相结合。

三是创意设计与优化改进。在劳动过程中，学生需要对产品或服务进行创意设计，以满足实际需求，提高产品或服务的质量和效率，抓好设计、改进和优化。

四是自主学习与持续更新环节。鼓励学生劳动时遇到问题就要通过自主学习思考来掌握新知识、新技能，提高学生自我驱动、自我反思和自我调整的能力，实现持续更新。

五是资源整合与利用环节。在劳动过程中，学生需要学会整合、调度和利用各种资源，如人力、物力、信息等，要充分发挥创新精神以提高工作效率和质量。

在劳动教育中，可以采取以下举措培养学生的创新意识和创新能力。

1. 充分注重劳动教育的实践性，让学生在实际操作中发现问题、解决问题，通过鼓励学生多动手操作，培养学生的动手能力和实践能力，从而激发他们的创新意识。

2. 鼓励学生在劳动过程中提出问题，培养他们敢于质疑、勇于探索的精神，引导学生从不同角度思考问题，发现问题的本质和规律，从而锻炼他们的创新思维。

3. 在具体的劳动教育中培养学生的综合素质，包括观察能力、分析能力、判断能力、组织能力和协调能力等，形成创新能力的基础，从而发挥他们的创新精神。

4. 组织学生参加各类创新实践活动，如科技竞赛、创意设计大赛等，让学生在实践中锻炼创新能力，对学生的创新成果给予肯定和鼓励，从而调动学生的创新热情。

5. 学校和家庭要营造一个鼓励创新、包容失败的氛围，让学生敢于尝试、敢于创新，教师要树立正确的价值观，把创新作为评价学生的重要标准，从而优化学生的创新环境。

6. 充分利用校内外资源，为学生提供丰富的实践平台。例如，与企业合作形成“产学研”一体化，利用网络资源开展线上劳动教育等，从而拓展学生的创新平台。

7. 教师以身作则，在劳动中展示自己的创新精神和创新能力，引导学生运用所学知识解决实际问题，培养学生的创新思维和创新能力，从而给学生树立创新榜样。

8. 教师要培养学生反思的习惯，不断总结经验教训，及时给予学生在劳动中的指导、评价和帮助，从而提高学生的创新能力。

浅谈劳动教育课外资源的拓展

学校在劳动教育中起着主导作用，承担着劳动教育主体责任。因此学校要在校内系统安排好劳动教育，把劳动教育作为必修课程开齐开足，强化学科教学中渗透劳动教育，科学设计课内劳动项目，采取灵活多样的形式激发学生劳动的内在需求和动力，组织实施好劳动周，劳动教育课每周不少于1课时，组织学生系统学习掌握必要的劳动技能。除此以外，要组织学生走出校门、走向社会，开展校外社会实践和劳动锻炼。

那么，如何拓展劳动教育课外资源呢？我们可以从以下五个方面尝试劳动教育资源的课外拓展。

1. 学校环境。学校可以通过改善校园环境，为学生提供更多的劳动实践机会。例如，设立绿化园区、环保站、科技屋、生命健康馆等，让学生参与到校园环境的美化和维护中，充分利用现有校内综合实践基地、校外活动场所和普通高等学校劳动实践场所，建立健全开放共享机制。

2. 家校合作。加强家校合作，让家长了解劳动教育的重要性，动员家长在家中为孩子创造劳动实践的机会，培养孩子的劳动习惯和能力，配合学校组织开展学生生活技能展示活动，利用节假日带领孩子参加各种社会劳动，树立崇尚劳动的良好家风。

3. 校企合作。学校可以与企业建立合作关系，积极协调企业、公司、工厂等组织履行社会责任，开放实践场所，支持学校组织学生参加力所能及的生产劳动、参与新型服务性劳动，尤其是联合高新企业为学生体验现代科技条件下劳动实践新形态、新方式提供支持，使学生与普通劳动者一起经历劳动过程，让学生在实际工作环境中学习和锻炼。

4. 社区参与。学校可以与工会、共青团、妇联等群团组织以及各类公益基金会、社会福利组织、社区等主动对接，搭建活动平台共同支持学生深入社区、福利院和公共场所等参加志愿服务，开展公益劳动，参与社区治理，通过参与社区劳动，学生可以了解社会、关爱他人，培养良好的公民意识和社会责任感。

5. 网络平台。学校可以利用网络平台开展线上劳动教育实践活动，例如开展线上公益项目、创意设计大赛等，突出创新与实践相结合的劳动教育，探索线上线下相结合的劳动新形态，让学生在虚拟环境中发挥创新精神和实践能力，同时也让学生体验现实环境如何转化创意的劳动喜悦。

07

教育国际化视野：感受芬兰教育

一

我们下飞机进入芬兰海关，我站在第一个，海关小伙子说一口和我差不多水平的英语，问我来芬兰干什么、待几天、是不是只到芬兰等。幸好我的蹩脚英语大胆用上，同志们顺利过关。

9月26日(周一)在米凯利市，这个城市是芬兰中部的一个小镇，这三天我们住的酒店是个非常干净的酒店(芬兰没有酒店星级评定)。酒店周边是马路但很安静，早餐在酒店吃西餐，不习惯。

上午9:00—12:00，我们参观了米凯利市的一所高中——米凯利高中，是芬兰400多所高中中的第五大高中。全校有800多人，2个校长，50多位教师。这个学区有幼儿园、小学和初中和高中，每个学段都是一栋房子。

芬兰人会芬兰语和瑞典语，还要学习一门外语，一般是英语。所以，在访问过程中我所碰到的老师和学生都能和我用英语进行简单交流，感觉他们的英语水平和我差不多。

芬兰的高中一学年是从头年8月份到第二年6月份，共有五个学期。在这里学费和午餐是全免费的，学生上午一般是8:30上学，个别学生的课表没有第一节，可以9:30到，下午3:30左右就放学了，老师基本上也是4:00下班。在这所高中，每个老师都要教很多课程，他们心目中的好学生不是依据成绩，而是依据这个学生的求知欲和实际能力。

这个学校的校长是一位50岁比较腼腆的男士，他介绍说自己1997年开始当校长，从25个竞聘选手中被选中。他说学校的老师也是有严格的准入制度，必须达到硕士学位，老师可以兼职。不过，这两年，老师的工作量非常大，愿意当老师的没有原来多。我问这位校长每天在学校工作最大的压力是什么，他说主要是工作很繁忙，国家、市教育部门现在把很多事都下放到了校长身上。不过对于校长的考核来说，他介绍每阶段按照教育部门制定的条例进行简单随意的汇报说明就可以了，没有太多的评比压力，学校的好坏主要来自媒体的报道等，没有专门的等级评定。

老师不能随意驱赶学生或者停学生的课，如果确实是学生有问题，必须向校长打报告，得到批准后才能执行。这里的孩子选课非常自由，有专门的指导老师指导选课，而且所选的课程都要与他今后的职业和大学的学习专业方向挂钩，所以每个学生每个学期的课表都是不同的，因而学生放学的时间也是不同的。

待了 3 个小时，观察到学生真的很有礼貌，虽然上课不像中国学生坐得非常端正，但也不是乱糟糟的。下课后在教室走廊上，学生没有疯逗打闹的现象，没有大声喧哗，800 多个学生课间三三两两的交流，声音很小，根本听不到嘈杂的声音。午餐的时候，在只能容纳 300 人的餐厅，全校按照年级分三批进餐。学生都是自觉排队，没有一个老师管理，只有餐厅的工作人员。学生没有疯跑抢着站队的，排队很整齐，很有序地自取饭菜，整个餐厅感觉只有十几个人在说话。

学生学习的课程内容不是很难，观摩了一节高一数学课，学的是一元二次方程求解和百分比简单计算。观摩了一节美术课，学生就是在已经画好的铅笔画图上用彩笔进行涂色，不强调技巧，强调的是美感。观摩了一节高三化学课，老师讲的是平衡常数的计算，涵盖了四大平衡，涉及有机无机可逆反应，学生反映比较简单。因为我是教化学的，所以与这位 60 岁的老师进行了热烈的交流。他告诉我他还有三年半就退休，这里的老师一般 64 岁退休，也可以根据实际情况到 65 或者 67 岁再退休。他每周和其他老师一样要上到 20 节课，有时甚至更多，他除了教化学，还教自然、体育等。他夸我英语说得很好，我留下了 E-mail，他说一定要给我来信沟通交流。这位老师非常高兴地把他这节课的讲义复印件送给了我。校长也送我一本高一化学课本，全是芬兰语，看不懂，不过化学内容看得懂。他们学习的化学与我们现在新课程教材有些相似，提供的学习内容很广、很生活化，教材体现出更多地关注生活和主要的化学规律。

下午 13:30，我们来到芬兰青年学院，一个职业学校，初三毕业的学生和工作以后的学生都可以来这里学习，面积有我们崇仁教育园这么大。校园风景很美、很宁静，两栋一层楼的教学楼，一栋一层楼的餐厅，全校只有 8 个老师、40 多个学生，40 多位工作人员。

走在校园里碰到一位清洁工，她非常主动热情地与我打招呼，感觉非常有主人翁精神。后来我问翻译，才知道这里清洁工的工资与老师相差不大，而且他们没有老师工作忙，经常利用下班后的时间和假期旅游休闲，生活很惬意。

不过这个学校的学生装束比较怪异，金发染成红色的，嘴巴、耳朵打了钉的都有。

这个学院的校长给我们讲了一个多小时的芬兰教育体系，他说每个人都必须按照国家规定接受一定程度的教育。芬兰为了帮助那些学习有困难的学生通过九年义务教育，还设计第10年继续学习。

这位老校长讲了一个多小时后说他要快点给我们讲完，其一是让刚下飞机的我们多休息，其二是他要去采蘑菇玩，理由说得很直接。有校长故意开玩笑地说能否把我们都带去采蘑菇，他很认真地说了一些不能去的理由。一个很可爱、很直率的老人，想什么说什么，没有弯弯绕，给我们校长们留下很深的印象。

下午4:00我们回到了酒店，继续倒时差。

二

虽然昨天很早就睡了，但是依然昏昏沉沉，今天早上3:50就醒了。上卫生间、洗脸刷牙后又去睡觉，大概是5:30左右，实在是睡不着，于是起床上网聊天。

今天是9月27日(周二)，依然在米凯利市。早餐在酒店还是吃西餐，吃了两个鸡蛋、熏火腿、麦片粥和橙子，渐渐习惯后感觉还是很有营养也很健康。

上午9:00—12:00，我们参观了米凯利市的一所小学——米凯利中心小学。全校有200多人，2个校长，平均每个班有15～20个学生。学校条件很好，整个教学楼基本上是新的设施和装修，教室明亮宽敞，各种功能室齐全。特别值得一提的是学校为老师和学生配备了更衣室和桑拿房。学校另有3个足球场大小的操场，其中一个是草皮的，另外两个是煤渣的，与社区共用。校长告诉我们，这个学校的所有设施除了按照上级部门要求配备以外，基本上都是请学生提出想法和要求。学校会按照学生们的意见每年去添加和修改，充分尊重学生的意见，我想这就是“一切为了学生”。

这个学校开设的课程非常丰富，尤其重视动手实践方面的课程。我们观察到一节音乐课，老师带领孩子们有节奏地敲着节拍棒，唱着优美的歌曲。这个老师非常投入，表情也很丰富，充满了对孩子们的喜爱。一个劳技课堂也给我们校长留下很深的印象，孩子们织毛衣、做缝纫，干得特别起劲。在这间教室的一间小套间，我们看到只有一个小男孩在认真地给一个小盒子刷红油漆，刷得非常认真。看来这节劳技课上的实践内容是孩子们的自由选择，只要学生喜欢，做什么都可以。在一节通用技术课上，年龄在11岁左右的孩子们拿着锤子、锯子、螺丝刀专注地做各种各样的木质玩具或者手工品。老师主要是帮他们用用力，怎样做、做成什么样，老师不干预。这样的课堂让我们感受到确实是孩子们自己的课堂，他们就是学习的主人。

在这个学校，老师的上课形式也很特别。每个班级上课时都有两位教师，一位教师主讲，另一位教师在旁边辅导。学生们在课堂上得到了老师及时和充分的指导与帮助，在学生的脸上没有表现出因为听不懂或反应慢而不好意思。相反，个别学生在接受老师的特别课堂指导时显得很认真、很专注，丝毫没有自卑、苦恼的表情，他们很乐意接受老师的帮助。

最可敬的是他们的老师，从他们的工作中，我们读出了真正意义上的“真爱”与“素养”。这种真爱没有做作、没有功利，只有关心、理解、帮助，在课堂上可以看到老师经常蹲下来给学生讲解；在走廊中可以看到老师鼓励孩子们去户外活动；在餐厅可以看到老师们与学生零距离地进餐交流。每个老师都是百变高手，一会是英语老师，一会儿是劳技老师，再一会儿是体育老师。这些老师身兼数职，工作很紧张忙碌，看不到老师在办公室聊天、看报纸、喝茶或上网做其他的事，更不可能看到老师在办公室睡觉。老师们进进出出都非常迅速，开门关门轻声，与学生、同行交流轻声。虽然工作节奏紧张，但是看不到老师疲惫的精神状态。在学生面前，他们始终很有活力、很阳光也很规范，素养很高。

这个学校的学生也给我留下了深刻的印象：每个孩子碰到你都很大方地打招呼，非常地有教养。当你帮他开门，他会用芬兰语说 kittos(谢谢)。他们非常喜欢和我们这些来参观的大人交流。有一个叫作雅戈的小男孩主动用英语与我交谈，告诉我爸爸是英国人，妈妈是芬兰人，所以自己会讲流利的英语。中午我们在这个小学体验他们的免费餐时，我看到每个孩子自助取食品，吃完后有序地倒垃圾、回放餐具，同时还对工作人员说谢谢，对于这些十一二岁的顽皮孩子来说真是不容易。临到告别时，孩子拿出铅笔和小纸片请我们签名，依依不舍地向我们挥手，令我们非常感动。

下午12:30，我们来到另一所只有一栋类似于平房的建筑的小学。据校长介绍是当地最小的小学，学生大概有140人左右。原本我想上午已经参观了一所小学，再参观小学也没什么，但是我错了，在这所小学我又被这里的教育震撼了。外表不起眼的教学楼(外观像我们的平房)，走进校门一看，真是童话天地。教室内环境布置就是一个个乐园，设备条件一点也不逊色于上午参观的中心小学。餐厅中学生免费食品也是完全一样，说明他们学校也享受了政府的同等教学资源配置，难怪他们没有择校的概念。

校长是一位非常热情、真诚的女士，她告诉我们这个学校除了有正常的孩子以外，还有一小部分特教学生。学校为每个特教生都配备了特护老师，确保他们完成义务教育，学校的理念是不让一个孩子掉队。我们观摩了一节特教课，只有两位学生，一位教师满怀深情地在前排用多媒体讲课。课件是孩子父母提供的孩子在各个年龄段的生活照片，老师一句一句耐心地帮助孩子回忆，学生后面有三个老师陪同在一起鼓励并协助他们学习，"不抛弃、不放弃"体现得淋漓尽致。校长说如果有老师歧视这些学生或者对这些学生的照顾不到位，家长就会与学校理论。她非常自豪而又动情地说，芬兰人口数量少，所以不能随意丢掉任何一个孩子，即使是特殊孩子，所以在芬兰，无论是心理还是生理上有障碍的孩子都会像正常孩子一样得到平等的教育资源。我想这就是我们倡导的"有教无类，为了一切学生"了。当然这位校长也坦言，对于特别拔尖的学生，他们还没有办法去提供更多更好的教育资源，仅仅靠老师的自身素质来弥补，这恰恰是他们培养精英的遗憾。

这位校长说我们是第一批从中国来的访问团，兴奋得像个小孩一样请我们给她和她的副校长起中国名字。因为她芬兰名字叫 HENNA，所以我们校长团给他起名叫"何安兰"，副校长叫"JUGEN"，所以我们叫他"尤刚"，我亲自写在纸上送给他们，他们高兴得不得了。

临告别时她告诉我，这里的学生早上 8:00 或 9:00 上学，下午 1:30 或 2:30 放学。学生放学后自己回家做大概 1 个小时的作业，然后就在家上网、吃点小吃，等待父母回家，晚上基本上 9:00 或 10:00 就睡觉。对于家住得远的孩子，学校帮助学生申请出租车免费接送，政府买单。我看到沃尔沃、奔驰、福特等高档出租车直接开到校门口等着学生，看到孩子背着书包高兴地上车安全回家，感受到他们被重视和毫无后顾之忧的幸福。幸福是什么，幸福就是被尊重，没有什么可以担忧的。两天来，我深深地体会到校长们最关注的是如何给学生提供最适合的课程。我想，这就是校长的本职工作。

三

今天又把时差倒了 2 个小时，终于超过 4:30 醒了。不是不喜欢西式早餐，在温度为 10℃左右的早晨，浑身凉透了，真是想念十一中学校门口的热干面！不得不说两天来在华人餐馆吃的正餐，6 个人 6 菜 1 汤，每餐 6 个菜中有 4+1 个与洋鸡有关，鸡条(清炒无酱油)、鸡块(爆炒有酱油)、鸡排(油炸)、鸡丁(甜烧)，剩下的是鸡蛋炒黄瓜和大白菜，汤还是番茄鸡蛋汤，同样思念学校食堂 6 菜中选两荤一素，酸甜苦辣各种美味俱全。

芬兰方面今天安排我们整整 6 个小时的培训，地点安排在芬兰青年学院塞马湖畔培训中心，塞马湖是当地一个风景优美的内陆湖，湖水清澈，茂密的树林环抱湖边，金黄、橙红、深绿的各色树种交相辉映，倒映于静静的湖面，一片宁静祥和的人间仙境；塞马湖边的绿草地到处长满了蘑菇，甚是可爱，难怪昨天那位校长说他要来采蘑菇，真是“采蘑镜湖边，悠悠享惬意”。中心的建筑从外面看非常简洁，甚至有些原始的感觉，但是进入之后，里面的教学培训设施非常高档，原木材料制作的屋内横梁、桌椅书柜飘过阵阵清香。

在这里，负责在米凯利市培训的耶鲁校长把米凯利高中的雅力校长和职业学院的安娜校长请来，给我们讲芬兰高中新课程改革的基本情况。校长们介绍了芬兰新课程改革的背景、目标和推进中的问题，还介绍了教师在教学过程中所采取的各种教学方法。同时，也请我们校长就我们所关心或不理解的问题进行了互动式的交流。从讲课和交流中我们了解到一些基本情况。

1. 芬兰课程改革的根本原因是要建立教育公平，让每个学生平等地完成规定的学业，政府承担学费和午餐。推进的结果是大家都在学习，使每个人具备了基本的受教育水平。

2. 在注重公平的同时也有无法解决的问题，就是对有潜质的优秀学生不能提供更好的教学资源，优秀学生完全靠自己。

3. 芬兰高中是从初中毕业学生中录取 50%，基本素质都很不错。思想教育、行规管理不是学校的主要工作，在学校管理中，学生遭遇意外伤害、早恋、吸毒等与学校无关。

4. 芬兰学校的校长没有推荐学生上大学的权力，学校不重奥赛，只是出通知，学生自己报名参加，逐级参加选拔考试，考试结果与学校无关。

5. 学校高度重视学生阅读能力的培养，每周都要专门安排一节课供学生阅读。阅读对象主要是小说，学生阅读后写读后感上交，可以获得一张阅读证书。

6. 在课堂上老师的教学方法比较丰富，他们不太赞成老师满讲，更多的是采取小组讨论、头脑风暴、辩论、角色游戏、项目研究、以 1 人发散到多人等教学方式。老师不太看重学生掌握知识的多少，更加看重学生的实际操作技能和学习研究的主动性。

7. 芬兰高中也有会考，但是学生选择的自由度很大。主要是四门，芬兰语、瑞典语、外语和科学(自然科学和社会科学，学生在10多个科学课中选择1门即可)。学生进入大学看两个方面的成绩，一是高中成绩，二是各个大学自己的考试。

在交流讨论环节，我充分地感受到中西方文化的差异。例如，我们校长提问学校如何评价老师和学生，芬兰的校长们反问为什么要评价和竞争。我们校长提问学生如何择校，学校好坏总应该有个依据吧？芬兰的校长说学生选择学校主要依据就近、今后的专业选择，在芬兰没有择校现象。

学习之余，校长们之间的交流也非常多，几个省示范学校的校长之间也是相互调侃。当然我们之间更多的是沟通，互通教学管理的新举措，非常有效，校长们在异国他乡建立了非常深厚的感情。

今天下午 3 点坐车 3 个多小时回到南部城市，芬兰首都赫尔辛基，明天将去世界排名100左右的赫尔辛基大学参观，听报告，期待！

四

芬兰是北欧国家，芬兰人平均受教育的程度很高。在芬兰处处可以感受到人们的高素质，一个最基本的现象，芬兰人说话声音小、语调平和，而且非常耐心地倾听他人讲话。

赫尔辛基大学是芬兰排名第一的大学，在世界排名100位左右，和欧美的大学一样是个没有围墙的大学。芬兰方面今天只安排我们在行政大楼的多媒体教室听课，主讲人是赫尔辛基大学兼职研究员Jari Tuomenpuro先生，他同时还是综合高中的教师。

讲课时间只有2个小时，内容与昨天几个校长介绍的大同小异，不过在听课的过程中我再次对以下几个内容加深了印象。

1. 教师教学的目的不是成绩，而是教会学生学习。另外政府或者校长对教师的基本原则是信任，所以老师可以自己选择教材，从不对教师进行评价。

2. 从小学到大学毕业，学费由政府承担，小学到高中午餐免费，高中的书本费学生自己承担。不过现在受金融危机的影响，有些大学的某些专业开始尝试收费，同时设立奖学金制度。

3. 外国留学生在芬兰留学，首先是要考雅思或者托福，再提供高中成绩证明、高考成绩证明等。签证时要求每年必须要有6000欧元的生活保证金，实际消费不需要这么多。收学费的学校和专业要收8000欧元，不过这些收费的学校会以奖学金的形式进行一定程度的返还。

4. 近年来，由于芬兰各个学校的课程设计出现了一定程度的分化，学生选择的自由度也很大，学生根据自身的职业需求、兴趣爱好来选择高中，导致高中出现一定程度的分级，现在择校现象也开始出现。

培训之余，我们简单地逛了商场。赫尔辛基虽然是国际都市，但是感觉还不如我们武汉市硚口区大，走在城市的街道上，20多分钟就把中心城区走完了。不过发现一个有趣的现象，你只要看见街上有一群人，那可能是中国人，中国人总是一坨坨的，导游说在芬兰一般很难看到这么多人走在一起。

尽管对北欧生活充满着好奇，但是也要清醒地看到，中国人要想融入芬兰这个高消费社会也是非常难的。另外，欧洲人对我们很有礼貌，但从他们的眼神中也看出文化的差异。今天我走在赫尔辛基的大街上，心中充满着莫名的无归宿感。的确，这里再好，但不是我的家，在这里最让人不适应的是交往孤独和文化流浪，在这里没有丰富多彩的中国式生活。

五

终于一觉睡到6点45分才醒，总算是把时差倒过来了，但是留给与爱人网聊的时间就只有半小时。这两天早餐在牛奶里加了蜂蜜，肠道舒服多了!

芬兰方还是安排在赫尔辛基大学行政楼听课，主讲的是一名赫尔辛基大学教育研究员兼中学教师赫林，近两米的个子，留着络腮胡子。他讲的内容是芬兰教育发展历史，课件中引用了一些历史性的芬兰教育图片。

这位赫林教师的英语说得非常好，清晰流利，我能听懂60%，好在我手机有词酷，随时查随时记，词汇量随之增加了不少。

他讲的有些内容与昨天的老师差不多，当然也有更多的信息传递给我们，包括哈佛大学教育学教授正在研究的终身教育问题等，确实让人感受到研究要有方法。

这位老师告诉我们：

1. 在芬兰，有技术要求且很少人愿意去的艰苦行业，例如下水管工人月工资是4500欧。而教师的月工资一般平均在2500欧，年纪大一点的3500欧，所以老师的工资并不是很高。

2. 国家现在比较重视 Life-long learning(终身学习)，每个人工作后都可以参加职业学院的技能培训，费用由雇主承担。如果是失业人员，其培训费用由政府买单，因此现在芬兰的职业学院招收非常多的学生。

3. 芬兰教育的最高管理机构是芬兰教育部，其下有芬兰教育总署(相当于我们的教科研部门)，然后是地方教育局。教育总署的功能有三个，其一是研究教育及其发展；其二是开展教学评估，现在开始尝试按照学生“进口”和“出口”评价，国家给予奖励；其三是教材认证与选择。

4. 学校只设立一正一副校长，其余就是教师，中间没有更多的管理干部。校长、副校长直接管理教师，教师的工资是按照工龄发放，现在正在计划改为按照绩效发放。

5. 芬兰高中现在也出现男生少、女生多的状况。主要是因为男生贪玩，醒悟得晚，所以芬兰正在着手研究如何应对这个问题。

讲完课后，这位教师还回答了我们提出的一些问题。

中餐后，大概在13:00，我们来到了这位教师所在的高中，碰巧他们正在进行考试(8周一个学期，从8月份到现在正好是9月底学期考试)，他给我们展示了一节公开课。这是一节选修课，他主讲哲学，另一位男老师主讲心理学。他们分工明确，赫林老师主讲设计哲学问题，另一位男老师讲设计心理问题。课堂形式是教师提出问题、逐步深入引导学生小组讨论，最后学生自己小结学习过程中感受最深的地方。授课过程中，学生可以提出问题，发表自己的意见，老师对学生在学习过程中提出的问题给予非常宽容的对待。

在听课过程中，学生在问题引导、课件深化、小组讨论、自我总结之中确实参与了学习与研究。知识容量虽然不大，但是学生的主动性被老师充分调动起来了，学生都在老师逐层深入的问题研究中得到了学习方法的尝试和技能的培训，也得到了一些知识性的结论。

明天就是国庆节了，晚上我们团进行了庆祝国庆节酒会，大家举杯共庆中华人民共和国生日，这个国庆过得还真有点海外游子思念祖国的感觉。

六

随着在芬兰的深度观察与体验，我们对芬兰也有了更多的了解。

首先让我们来看看芬兰人。

芬兰人总体素质非常高，彬彬有礼，平和自然，与他们沟通与交流时感到很惬意。他们对待我们外国人友好，没有傲慢。

芬兰人个子都比较高，基本上在1米8以上，这里的男孩子非常帅，身材都很高挑，皮肤白里透红，看起来非常细腻。女孩子非常漂亮，皮肤好。

再看看芬兰人的生活。

在芬兰，基本生活是有保障的，他们生活用品的物价很低。我在类似于武商量贩店这样的超市看了看，面包、果酱、香皂、蔬菜、副食品等一般不超过10欧，大多数只有4～5欧，洗发水等一般只有3欧左右，衣服、鞋子等几十欧左右就可以买到。

这两天我们进餐的中餐馆老板与我年龄差不多，爱人和11岁的小孩都已经移民到芬兰多年，夫妻两人开中餐馆。但是他们告诉我在芬兰打工、开餐馆是买不起房子的，他们现在是租房子住，每月1000欧左右。我问他们为什么不能攒足够的钱呢？他们告诉我，芬兰的税收机制非常完善，这里的税是按你收入的高低按照比例征收，你赚得多，纳税也就高。

这个老板也很坦率地告诉我，在芬兰生活压力不大，社会福利、医疗保障都很不错，孩子读书也不要钱。主要问题是很孤独，没有什么人可以讲话，整个赫尔辛基只有5000多名中国人，所以他们看见我们非常高兴。

今天我们到了芬兰小镇海门琳娜，从赫尔辛基乘车到这里需要1小时40分钟，昨天晚上到时没有看清楚，今天认真地领略了她的美貌。

静谧的绿色草地、茂密的原始森林、刻着岁月痕迹的海门古堡、树木环抱的美丽湖泊，构成了海门琳娜。

漫步在十月小镇的林荫道上，舒展的绿色草坪不时散发缕缕清香，金灿灿的黄色树叶随着秋风悠悠飘落，偶尔会碰到一对老夫妻，他们拄着拐杖相携而行，悠闲地享受着和煦阳光和人间温情，就像肯尼基的萨克斯曲 *Forever in Love* 所倾诉的那样“人与自然的和谐安宁”。

天蓝色湖泊缠绵地依偎在草场大地身旁，高大的树影远远地、静静地映在湖面上，不时听到树叶沙沙的细声歌唱，时光就在这一刻停止了，真是人间至高无上的精神家园。

海门古堡给这片美景增添了人文的美感，沿着古老的台阶拾级而上，海门琳娜的美丽尽收眼底。一个个湖泊在成片的绿树中划出一道道优美的曲线，间或几栋红色或黄色乡村别墅和门前的一小片花园，也成了森林中靓丽的风景。

海门琳娜，一个值得灵魂休憩的地方，一个值得生命细细品味的地方。

七

早上8:30出发，驱车1小时40分钟，我们从美丽的海门琳娜小镇来到芬兰主要的港口城市——旧都图尔库市。这个城市位于芬兰西南部，人口约24万，是芬兰最古老的城市。图尔库是由瑞典人(瑞典称作奥波)所筑的城堡发展而来，不久发展成为商业中心，1525年瑞典国王古斯道夫·瓦沙授予图尔库都市权。16世纪中期图尔库成为芬兰公国的首都。1809年，俄国开始统治芬兰，图尔库曾作过首都。1812年，首都从图尔库迁往赫尔辛基。

我们上午10:00准时到达图尔库市教育局，受到教育局负责人(Esko Heikkonen)的热情接待，他在教育局会议室给我们主讲了芬兰的教育情况和发展趋势。

据介绍，由于图尔库曾经是旧都，所以该市各方面的发展都走在芬兰的前列，特别是教育的发展充满了活力，在芬兰与西方教育的对接上占有重要地位，其基础教育能够为学生提供优秀而又安全的教育环境。高中可以为学生受到更好的高等教育做准备，成人教育开展的终身学习体系非常完备。特别值得我们学习的有两点：其一，该市对教育的规划是立足于2010—2040共30年的人口变化和国际教育趋势来制定的，在教育资源配置和顶级人才培养模式上还会作更大的调整；其二，充分利用现代教育技术手段，在课堂教学形式上将开展每人一台平板电脑的学习方式变革，尽可能在教学、考试评价上全面使用电脑，现在已经开始在一所学校全部配备平板电脑，三所学校配备小笔记本的教学手段变革实验。

结束对图尔库市教育局的访问，我们来到该市一所集小学、初中、高中、师范生培训于一体的学校（Turun normaallkoulu Teaching Training School，University of Turku）。已是上午12:30了，但校长没有休息，热情地接待了我们，带领我们按照学生免费标准吃了个午餐，有土豆炒牛肉片、咖喱土豆片、西红柿、生大白菜、牛奶。午餐后进入他们的教学楼参观。

整个教学楼只有三层，容纳了1000名左右的学生，包括小学生、初中生、高中生和师范实习生。一楼主要是餐厅、小学和初中教室，二楼主要是图书室等功能室和高中教室，三楼主要是教室、校长室、两个体育馆等。据校长介绍，这个教学楼有近300年的历史，但是这里的教学条件非常好、非常现代化。

由于到了第一学期结束的考试周，所以大多数学生在考试，只有少数班级在上课。我们在校长的带领下，随堂观摩了两节生物课、一节芬兰语课、一节音乐课、一节厨艺课，每节课都给我们留下了深刻的印象。

一节高中生物课上，老师用英语讲课，讨论“随着人口的增长，将对我们的子孙后代产生哪些后果”，这是一个非常宽泛的问题。学生在老师引导下，从社会经济、自然资源、政治伦理等角度开展了热烈的讨论。老师并没有关注学生学习了多少知识，而是引导学生多角度地去思考，鼓励学生现场在课堂上利用笔记本查阅资料，开展研究型学习，非常精彩。

另一节高中生物课上，老师用自己制作的心脏血液流程图课件，逐步深入地引导学生学习心脏中各血管的功能、血液流向及其生理意义等。动态课件做得非常好，从知识角度来看信息量非常大，近乎大学生物的内容，但是不深，知识面很宽。

一节音乐课有初中生也有高中生，学生按照自己的兴趣分组，有唱歌的、弹吉他的和打鼓的。学生在老师电子琴的带动下学习音乐、感受音乐，同时也学会了一门乐器，这样的音乐课相信学生非常愿意上。

一节初中厨艺课更是有趣，十几个初中学生在两个厨艺老师的带领下，在按照厨房要求装修的教室中学习制作汉堡包。大白菜切成了丝，肉末捏成了圆形薄片状，两层面包已经准备好了。学生们个个身穿围裙，拿着锅煎肉饼，教室里飘满肉香味，孩子们非常认真。快做好了，就地准备好餐桌，他们将美餐一顿。

观摩完课堂，校长为我们请来了该校唯一一名中国留学生，正在读高三的来自上海的小蒋。这位同学高二时来到芬兰图尔库，从初中开始上课，拿到初中毕业证后再读高中，现在已经是22岁了。他的梦想是报考赫尔辛基大学，目前专攻数学，只要数学达到7分，就可以就读该校。

小蒋向我们介绍了芬兰读书的一些情况后，我们就结束了在该校的访问。

八

今天我们参观了图尔库的另一所高中，恰好该校也是学生在学期考试，所以没有办法观摩他们的课堂，主要由这个学校的校长给我们介绍该校的整体运作情况。应该说，在这个学校，我们对芬兰高中教育的具体情况有了更加清晰的了解。

1. 校长职责

该校只有两个校长，一正一副，负责整个学校的课程、教师、职员、学生、经费和设备的管理。学校没有设置中层干部和年级负责人，整个学校的运作全部是校长直接下达指令，下属直接执行。据他们讲，这主要是为了更好地精简办事程序，政府也没有设置更多的公共经费。

从这位校长的介绍中，我们体会到校长不愁经费、不愁教师、不愁评比，也不愁学生安全，他们最主要的工作是课程的领导，包括课程的开发和课程的管理。在芬兰的高中，除了国家规定的必修课程以外，学校会依据区域实际、学生需求开设丰富多彩的选修课，校长的主要任务就是组织好课程的开发和管理。每所高中都有一个政府开发的学校管理平台，校长可以在这个互动式的平台上了解到学生的课程需求。因此，校长会定期组织教师研究课程开发的方向并组织教师编写相关的课程教材。由于各个学校的选修课程各具特色，因而为有不同升学需求或者职业走向的学生提供了多种课程学习的可能。据不完全统计，这个学校三个年级五个学期共要开设700多门不同的课程。整个一学年的课程设置、学生选课、教室编排、教师与课表安排等都要两位校长亲自落实，校长的课程管理任务相当繁重。

2. 学校管理

校长的职责主要是围绕课程这个中心开展管理，学校管理的重心比较突出。为了把课程开设好，校长要选聘好教师，定期组织教师研究学生课程需求，充分使用好政府下拨的教育经费，建设好学校的基本教学设施等。他们与我们有很多地方不同：

其一，一学年开始，他们制定好了全年的休假时间、考试(含补考)时间和学校会议时间。其中教师会议次数一般一学年十次，每次会议的时间和内容都在学年初非常明确地定下来，在网上公布给每个学生和老师，没有随意性，便于老师和学生安排。

其二，一学年分成五个学期，一般是八个星期一个学期。前6～7周上课，最后1周考试。考试的内容是知识模块，考试的时间是确定的，学生复习时间比较充裕。另外，有补考的机会且时间也是学年初就确定下来。

其三，学生招进来后，先分成若干个行政班，有固定的辅导老师。但是开课后，实行走班制，每个学生依据自己选择的课程上课。每个学生的课表都不尽相同，每1至2周，学生还是要由辅导老师召集在一起进行点评或者开展校外活动。

其四，政府开发了学校管理系统。校长、教师、学生、家长均可以通过这个平台全面了解学校的各方面情况，同时可以进行四方互动式沟通与交流。例如学生选课情况、在校表现、重要通知、考试结果等都可以通过这个平台让家长知道，整个管理完全基于这个平台。

其五，学校的管理是一切为了学生，为了一切学生。学校课程的开设必须来自学生，教学资源的使用必须满足学生。例如，教学楼走廊、教室内到处可以看到实验仪器设备、生物标本挂图等。学生随时随地都可以看、可以用，如果有些实验无法满足学生课程需求，学校还要联系大学或者社区，想方设法为学生创造条件开设实验或者提供研究资料。每个课程教学时，一般有两个教师同时进课堂，一个主讲、另一个负责答疑辅导。有的学生要求一对一地教学，学校也尽可能满足。总之，学生的需求永远是第一位的。

3. 学生管理

在我们参观学习的过程中，我们不乏看到学生奇装异服、打扮怪异，甚至也看到有学生出校门外抽烟抑或是喝酒(听校长介绍)。但是在学校教学楼内，学生还是非常有素质的。我说的素质指的是学生没有任何掩饰时所表现出来的行为习惯。例如，说话声音较小，站在走道内的言行非常绅士，在餐厅时表现出的较高文明礼仪素养，课堂上积极主动参与思考与讨论的状态等。

据校长介绍，学校对学生的管理非常人性化，用他们的观点说就是非常尊重人权。例如学校或者家长无权干涉18岁以上的学生到底是在家住还是在外租房，学校无权过问学生的恋爱、堕胎等私生活。但是学校在课程的学习上肯定会与家长保持一致，引导学生完成学业，学校不承担学生的安全、升学、竞赛等方面的责任。

九

图尔库—劳马—瓦萨—奥卢—凯米—罗凡尼美是沿着芬兰西部海岸走的一条进入北极圈的道路，10月5—7日我们每天都要驱车5个小时左右。沿途我们可以看到成片森林，主要是三个树种，一种是常见的白桦树，一种是松树，还有一种是枫树。临近冬季，白桦树的叶子变成了金黄色，枫树则变成了红色，远远望去金黄色、红色、绿色层层叠叠地错落于高速公路两旁，映衬着蓝天白云和平静的湖面，非常美丽的一派田园风光。

我们千里迢迢从图尔库赶到罗凡尼美的目的是考察一下远在北极圈的芬兰北部拉普兰地区的教育与条件比较优越的芬兰南部、中部有什么差异。

10月7日中午12:00，我们到达罗凡尼美，还来不及到酒店放下行李就直接来到当地四所高中之一的Lyseonpuisyon高中。负责当地教育的Risto先生热情地接待了我们，他是当地所有学校的总校长，在这所高中工作过五年。他非常熟悉地领着我们参观这所学校的校舍、教师工作室、实验室，之后清晰地介绍了当地教育的基本情况，同时还安排我们观摩了5节课。

他们的组织工作做得很好，不仅安排我们在学校吃午餐，还选派了10名同学，2～3人一组带队，引导我们在相关学科教室听课。带队的学生素质很高，都会一口流利的英语，既大方又不失风度，非常得体地与我们沟通交流，积极介绍他们学校。给我们这一组带队的一位高一男生Henrylaurila和另一位高二的将近1.98米的男生给我留下了深刻的印象。他们待人非常诚恳有礼貌，就像一个准大人一样，表现出很高的素养。交流中得知他们从来没有到过中国，对中国完全没有什么了解，非常愿意到中国来看看。他们还告诉我，平时课余时间除了做作业外，也会上网、打球，不会乒乓球，但是他们都会而且喜欢当地的一项运动——滑雪，我们愉快地沟通并且互相留下 E-mail。

从负责人的介绍和到教室观摩了解，我们感觉到拉普兰地区的教育与其他省份没有明显的差异。在教育经费方面，国家同样对小学到大学实行学费免费，小学到高中午餐免费，但是高中的书本和抄本是要交费的，大概每年500欧左右。国家财政对他们高中的投入平均是每生每年5500欧，如果学校在办学过程中经费不够，还可以打报告由当地市政府再投入。所以，教育经费全国一样。在课程设置上，基本格局与芬兰南部也基本相同。唯一不同的是在选修课上给予学校和老师非常大的自由度，从而体现出不同地区、不同学校为了适应当地经济社会发展和学生个性化成长需求所做出的特色课程设置。由于芬兰北部的气候与南部有差异，所以在上课的时间安排上略有些不同。早上第一节为45分钟而不是中南部的75分钟，但是时间的总量相同。在课程管理上，与我们去过的米凯利、赫尔辛基、图尔库等城市是一样的。因此总体来看，芬兰教育确实做到了区域均衡、人人平等，用Risto先生的一句话说就是，在芬兰，无论你的家庭背景如何，受教育的权利是平等的。

在罗凡尼美逗留的这天傍晚，我们漫步在人群稀少的街道，有幸碰到了八九名中国留学生，巧的是他们都来自武汉，地道的武汉腔让我们立刻成为知己。天地之间，说大也大、说小也小，他们来自武钢三中、水果湖高中、武汉二中等。在热烈的交流中，我们又了解到了一些芬兰教育的信息，在芬兰读大学是免费的，老师不会让你去买课本，主要是发资料或者到图书馆去查阅。住宿基本是在校外，两室一厅一般由两个学生共同租，每个学生每月200多欧的租金，每年总体上的基本费用大概在7～8万人民币。孩子们告诉我们，在这里读大学能学到很多的东西，不过还是很有压力的。因为芬兰的大学生与他们相比，知识面和考虑问题的视野非常开阔，而且思想非常活跃新奇，研究课题的技能与方法非常娴熟。我们中国来的大学生普遍基础扎实，单一问题的掌握很好，但是面对一个个课题的拓展式学习与开创性研究，他们往往缺乏思维创新。

究其根本原因在于芬兰的基础教育与高等教育是高度衔接的。孩子们处在小学、初中打基础的阶段时，学校引导学生培养兴趣，养成良好的思维习惯和研究方法。到了高中，学校往往会指导学生结合自身的兴趣特长和今后的职业走向进行丰富多彩、独具个性的课程学习，在学习中高度重视学生终身学习能力的培养。大部分学科教学与评价突出的是以课题研究为基本方式，这样就很好地做到了与大学的衔接。学生到了大学学习时，无论是生理、心理还是思维能力都已经具备了相当的条件，学生的创新精神和实践能力可以得到进一步发展。

路漫漫其修远兮，吾将上下而求索！